実践入門!

学校で活かす認知行動療法

嶋田洋徳

ほんの森出版

も・く・じ

本書のケースの特徴と主な支援方法（着眼点）

章節（ページ）	対象 児童生徒	児童生徒の特徴	主な支援方法 （着眼点）
プロローグ（p5）	小４Ａ男	授業中の立ち歩き	三項随伴性 相互随伴性
1－1（p12）	中３Ｂ子	コミュニケーション困難	機能分析による行動理解
1－2（p20）	中２Ｄ男	相談室登校	行動範囲の拡大 環境調整
1－3（p28）	中２Ｅ子	保健室頻回来室	行動観察 回避行動への対応
1－4（p37）	高２Ｆ子	不本意入学	ソーシャルスキル トレーニング
1－5（p45）	中２Ｇ男	不登校	継時的近接法 保護者への対応
1－6（p54）	中３Ｉ男	粗暴傾向	適応行動への置換 （代替行動分化強化）
1－7（p62）	中３Ｉ男	粗暴傾向	生徒指導的対応と 教育相談的対応
1－8（p69）	小４Ａ男	授業中の立ち歩き	ケースフォーミュレーション 計画的無視
1－9（p77）	中３Ｋ男	強迫症	曝露反応妨害法 （エクスポージャー）
1－10（p84）	中２Ｌ子	相談室登校 交友困難	認知再構成法、コラム法 （認知的再体制化）
1－11（p93）	中３Ｏ子	交友困難	問題解決訓練
1－12（p102）	中１Ｒ子	交友困難	セルフモニタリング法
2－1（p110）	中３Ｓ子	不登校	機能的役割分担
2－2（p118）	小５Ｔ子	交友困難	行動コンサルテーション
2－3（p125）	中３Ｕ子	街頭補導による保護	相談室のオープン利用
2－4（p134）	中２Ｘ子	他害行為 （特別支援教育）	保護者と支援者（学校）の相互作用の調整、支援目標の共有と役割分担
2－5（p141）	小３Ｙ子	多動、教室飛び出し	注意機能のコントロール （随伴性マネジメント）
2－6（p149）	小１Ｚ男	指示不従順	支援目標の設定
2－7（p157）	中２Ｈ子	相談室登校	機会利用型支援 （学校行事等）
エピローグ（p164）	中２α子	断続登校、交友困難	支援の見取り図 （マクロ分析等）

プロローグ 認知行動療法は心がない？

子どもの行動を環境との相互作用で理解する

認知行動療法という言葉を初めて耳にされる方にとって、その名称のイメージから、「認知」と「行動」の治療法であるととらえられることが多いようです。また、「感情」や「情動」の語が名称に入っていないため、感情や情動を取り扱わない「心がない」表面的な治療法であると（真剣に）説明される方もいるくらいです。もちろん、認知行動療法も心理療法やカウンセリング手法の一つである以上、感情や情動を取り扱わないわけがないのですが、実際にそのような伝わり方をしている（指導者に相当する方がそのように説明される）のは、少し残念な気がしています。

あらためて言うまでもなく、認知行動療法は「行動科学」にその理論的基盤を置いており、効果的に子どもたちの不適応を改善し、適応を促進するためには非常に有用な方法です。そして、その（行動）科学としての特徴は、その支援が子どもたちにとって「大切である」という支援者側の（思い込み的）考えよりも、その支援が本当に子どもたちの「変化につながっているのか」というエビデンス（証拠）により重きを置くところにあります。

認知行動療法と、他の伝統的な心理療法やカウンセリング手法との最も大きな差異は、子どもたちの適応を促すことを考える際に、心理的な「環境」の要因の影響を考慮に入れているか否かという点かもしれません。

例えば、元気がないように見える子どもに「どうしたの？」と声をかけても何も応答がなかったとします。このとき往々にして私たちは、このような子どもを「自分の気持ちをうまく伝える力が身についていない（未熟で引っ込み思案な）性格」ととらえがちです。

ところが、この様子を少し俯瞰的にとらえ直してみると、確かにそのような理解（スキルが不足している）ができそうな一方で、「（私たち自身を含めて）答えを聞かれたくない人がすぐ側にいる」「気持ちが落ち込んでいて今は話をすることができない」「答えの内容を親（保護者）に伝えられてしまうのが嫌である」「答え方によって自分が周囲にどのように評価されるのかが不安である」「眠くて答えるのが面倒である」など、実に多くの原因の可能性が考えられます。

したがって、当該の子どもに対して「そんなときは、自分の気持ちをそのまま言ってごらん」などという性格改善の一環としてのスキルトレーニング的働きかけは、うまくいく（機能する）こともあれば、そうでないこともあるということになります。ここで、支援の効果性や確実性を高めるためには、子どもたちにとっての「環境」を変化させることによって、子どもの反応が変化するかどうかを確認（アセスメント）していく必要があります。

先の例で言えば、「他に誰もいない場所に変えて（時間をおいてから）聞いてみる」「別の教職員から声をかけてもらう」「友人同士のコミュニケーションの中で自分の気持ちを話しているかどうかを丁寧に観察する」などの工夫を行うことができれば、当該の子どもの「反応の変化」と対応づけることによって、スキル不足以外の要因の影響の大きさを推し量ることが可能になります。そして、これらの情報を踏まえた支援を行うことができれば、あるべき「型」**的支援から「機能」的支援への転換**がはかれるようになります。すなわち、同じような様子を見せる子どもであっても、個に応じて（異なる）具体的指導を選択する大きなヒントとなるのです。

子どもの行動と先生の指導行動を相互作用で理解する

このように認知行動療法は、子どもたちの様子に関する理解や見立ての枠組みが比較的明確であることから、当該の支援の「目標」自体をしっかりと立てることができれば、その見立てに応じた支援のあり方がある程度必然的に決まってくることに特徴があります。そして、学校の中で認知行動療法の実践を効果的に展開するためには、実際の支援にあたる先生方やスタッフの持ち味を十分に加味していくことが必要になります。この点が考慮されていないと、立派な支援計画も絵空事になってしまうこともしばしばです。例えば、スクールカウンセラーが先生方に「担任の先生に不適応の子どもに対して個別課題を出していただく」「授業中に興奮した子どもを相談室に連れてきていただく」「帰りの会が終わった後に不適応の子どもに短時間、声をかけていただく」などの提案をして、その了解が得られたとしても、実際にはなかなかうまくいかない場合があります。

そこで認知行動療法では、支援方法の「型」が実際に「機能」するのかまでをも考慮に入れることを試みます。すなわち、毎日の支援にあたっていただく先生を主語にして、当該の「指導行

図1　子どもと先生の「相互随伴性」（A男の場合）

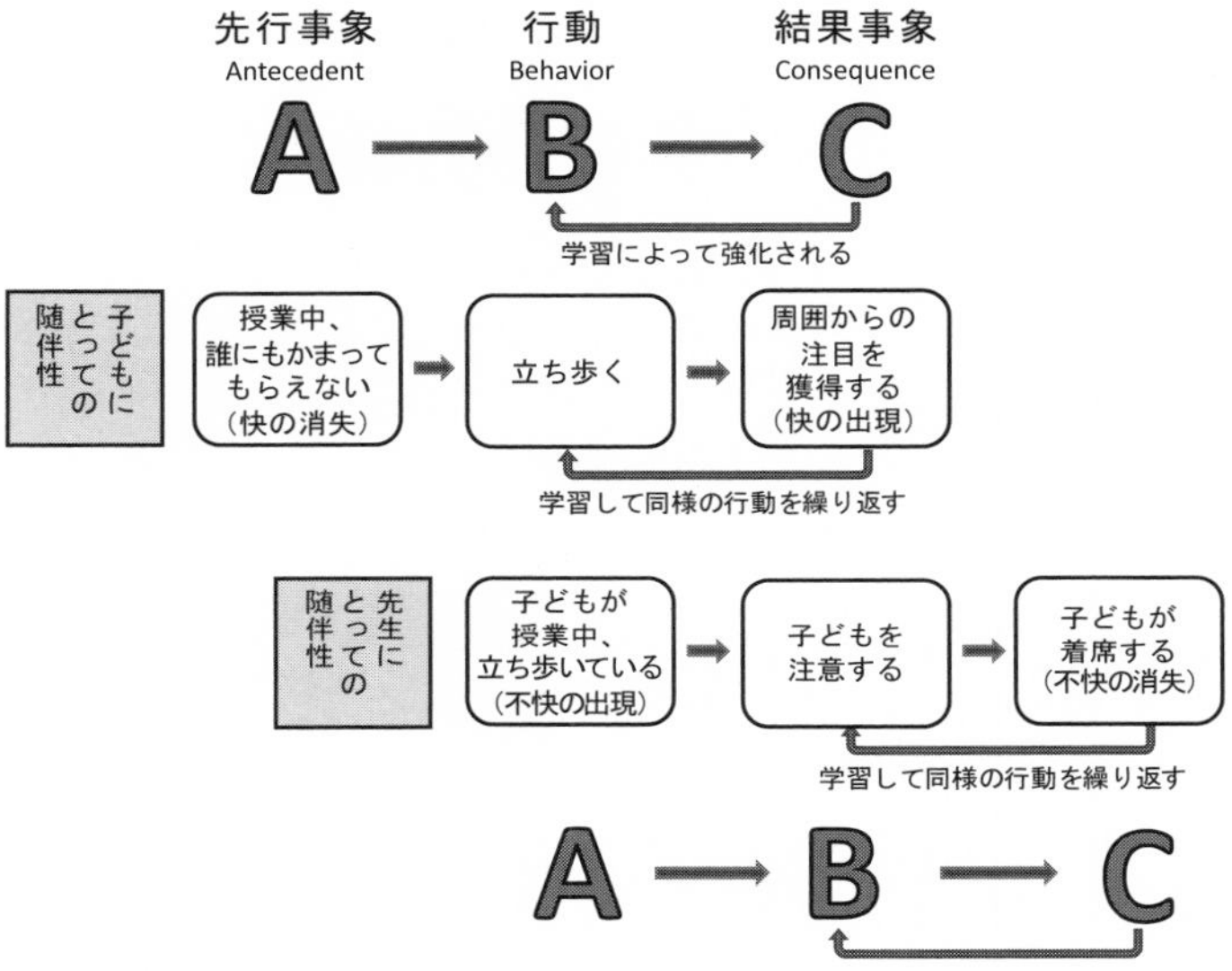

動」を「三項随伴性」の枠組みによって理解してみます。「三項随伴性」の枠組みでは、観察される「行動」の前後の環境の特徴を、先行事象（A）、行動（B）、結果事象（C）の三項の連鎖に当てはめて理解します。

例えば、授業中の立ち歩きの問題を有する小学校四年生の男子児童（A男）の例を取り上げて解説してみたいと思います（詳しくは第一章第八節に再掲します）。

このA男の「立ち歩く」という行動の前後の情報を整理したところ、先行事象（A）として「授業中、誰にもかまってもらえない（快の消失）」ときに、「立ち歩く（行動：B）」と、結果事象（C）として「周囲からの注目を獲得する（快の出現）」ことによって、立ち歩きが続いているのではないかと見立てました（図1　上段）。したがって、支援の方向性としては、偶然にでも着席しているときになるべく多くの注目を与える（良循環の形成）、立ち歩いたときにはできるだけ受け流す（悪循環の切断：計画的無視）によって、立ち歩き行動の変容を試みました。

この理解は、子どもを主語にとっていますが、先に述べたように今度は、先生を主語にとってみると、「子どもが授業中、立ち歩いている（A）（不快の出現）」ときに、「子どもを注意する（B）」と、「子どもが着席する（C）（不快の消失）」と理解できます（図1 下段）。すなわち、子どもを注意することによって不快を消失させることができた先生は、「注意する」という「型」の「指導行動」をますます用いるようになると考えられます。

したがって、先に述べたような「他者から提案された指導行動」は、先生にとっての「快の出現」、あるいは「不快の消失」が起きなければ長続きせず、一時的な指導（一過的反応）になってしまうことが懸念されます（このような双方の現象の理解の仕方を「相互随伴性」と言います）。

先生にとっての指導の「しやすさ」も考慮に入れる

実際の教育相談の現場では、ある特定の指導方法（行動）があまりうまくいかなかった場合に「教師の負担が大きかった」「教師としての力量が十分ではなかった」と考察することが多いように感じています。一方で、認知行動療法では、そのような観点に加え、「先生方がもともと持っている持ち味を活かせていなかったのではないか」と考察します。簡単に言えば、提案した指導方法が、当該の先生方が普段用いる指導方法のレパートリーにあるのかを確認しないと、先生にとっての望ましい環境の変化（結果事象）に結びつきにくくなるということです。ひいてはもともとの目的であった子どもの適応を高めることを阻害してしまうかもしれません。

七ページの中程にあげたスクールカウンセラーが先生方に提案してうまくいかなかった例でいえば、それぞれに対して「学習ノートへのフィードバックなどを毎日まめに行う先生であったのか（個別課題の負担の推測）」「自分の目の届かないところの指導を嫌う先生ではなかったのか（他のスタッフの手を煩わす心理的抵抗感の推測）」「子どもたちを下校させた後まとめて業務を行う先生ではなかったのか（放課後に行う業務増加の心理的負担感の推測）」などを考えていきます。

子どもに対する支援の目標の一つは、日常生活環境の中でうまくやっていけるようにすることですので、毎日かかわる教職員が適切に支援を続けられることが欠くことのできない重要な視点になります。したがって、ある「型」の指導方法がうまくいかなかった場合には、あらためて当該の先生の指導方法のレパートリーを適切に把握し、支援目標が同程度に達成されそうな別の支援方法を提案するなど、先生にとっての指導の「しやすさ」も考慮に入れることが実践上大切になってきます。

私の場合、学校の先生方に特定の子どもに対する具体的な支援方法の提案をする際には、提案した後の先生方の反応を大切にしています。その際に、先生方から「よい方法ですね……。ただ私には他に三十数名の子どもたちもいますので……」という「他の子もいる理論」が出てきたときは、経験上ほとんどうまくいきません（そのような場合は、先生方に無理なく受け入れられるような第二の案、第三の案を共に考えていきます）。

ですから、そもそも学校の先生方と、提案に対するフィードバックをしていただけるような良好な関係性を築くことも欠かせないプロセスになります。実際の学校現場では、ここに大きなエネルギーを使うことが多いのですが……、先日伺った学校への提案はどうだったのかなぁ……。

第1章

子どもとのかかわりに活かす認知行動療法

1 認知行動療法の事象のとらえ方

ある春の日の出来事

四月に入ると暖かい日が多くなり、いよいよ新学期が始まります。スクールカウンセラーとして初めての学校を訪問するときは、今でもそれなりにぐっと気が引き締まります。子どもたちはどんな様子だろうか、先生方とうまくコミュニケーションがとれるだろうか、管理職の先生方は心理職をどのようにとらえているだろうか…、いったん考え始めるときりがありません。

「まあ一つ、よろしくお願いしますよ」。ある年、スクールカウンセラーとして勤務することになった中学校の校長先生からそんな言葉をいただきました。（本書で紹介する事例は、その文脈における事例提示の意図を損ねない範囲で大幅に改変しています。）

昼過ぎに臨時の全校集会があるので、そこでみなさんに紹介しますと伝えられたため、まずは学校の相談室の片付けをすることにしました。ちょうど休み時間にあたっていたらしく、さっそく女子生徒二名が相談室に入ってきました。

「新しいカウンセラーの先生が来たって聞いたからさ、遊びに来たよ」「そうなんだ、よろしくね」「相談室の先生って結構ヒマなんでしょ。前の先生もそう言ってたし」

一人の生徒だけが次々としゃべり続けます。そして「寂しいだろうから、また来てあげるよ」と言って、言葉を返す間もなく走り去りました。もう一人の生徒は、最後まで何も言葉を発せずに一緒について行ってしまいました。

新しい学校で、どことなく心細い中、このように寄ってきてくれる生徒がいると、気持ち的には嬉しいのですが、最初から「相談室の新参者」と距離を縮めてくる生徒は、経験的に教室などでの適応があまりよくないことが多いものです。その後、体育館の壇上で全校集会の挨拶をしたとき、先ほどしゃべり続けた女子生徒が見えました。列の並び順からすると三年生のようです。先ほどの快活さと比べると元気がなく、うつむいています。若干列からはずれて立っているようにも見えました。クラスでの居心地が悪いのかな、そんな印象を持った生徒でした。

同じ日の生徒たちが下校した後、臨時で教育相談部会を開いてくださり、そこで私が関与する可能性のある生徒のリストをいただきました。私の場合は、できるだけ全校生徒のクラス単位の集合写真をお借りするようにしています。リストと前年度の集合写真をつきあわせながら話を聞いていると、今朝相談室に顔を出した女子生徒が二名とも含まれていました。しゃべり続けた生徒の所見欄には「友人関係がうまくつくれずにクラスに溶け込んでいない」、言葉を発しなかった生徒には「対人関係に自信が持てずに欠席がちである」とありました。

休み時間の出来事

次の週の勤務日の「長休み時間」、またあのしゃべり続けた女子生徒が相談室にやってきました。今度は一人です。

「ああ、こんにちは。また来てくれたんだ。この間は二人だったよね」「ああ、C子は今日、お休みなんだ」「そうなんだ。三年生?」「あ、すみません。三年○組のB子です。C子はねぇ、いろいろ大変で、私が助けてあげないと」「へぇ、B子さんは、人への気遣いができて偉いね」「そんな大げさなことじゃないんだけど、あの子はねぇ……」

B子は同じクラスであるというC子のことを饒舌に話し始めました。C子は、母親が勉強や生活上の決まりごとに非常に厳しく、ストレスがたまっているので、それを解消するために、たまに学校を休む必要があるとのことでした。

どれくらい時間が経ったでしょうか、ふいに相談室のドアが開いて、B子の担任である男性の先生が入ってきました。

「あ、やっぱりここにいたか。嶋田先生、うちのクラスの子がお手数をおかけしてすみません」「そんなことないですよ。B子さんは私が一人で寂しいだろうからと顔を出してくれたんですよ」「そうなんですか。さっきの授業の後、追加の連絡をしようと思ったら、すぐに教室から出ていってしまって」

担任の先生は「先週渡した個人面談の希望時間の調整表が出てないぞ。ちゃんとお家の人に渡したのか」とＢ子に尋ねましたが、Ｂ子はそれには答えず、うつむいて話をじっと聞いているだけでした。少し顔が紅潮しているようにも見えました。その様子を見た先生は、「まあいいや、明日持ってきてな」と相談室から出ていきました。

「調整表だってさ」とＢ子に声をかけると、「時間だから、また話にくるね」とだけ言って、相談室から出ていきました。

その後、担任の先生の「空きコマ」にＢ子の普段の様子について話を聞きにいきました。「Ｂ子は、いつもあんな感じなんです。何だか要領を得なくって。それでも休みがちなＣ子よりは話は通じるんですけどね。周囲の子も、Ｂ子がいつもはっきりしないので、つきあうには疲れちゃうんじゃないですかね。やっぱり性格的に何か問題があるんですか」などと話されました。

どうやら担任の先生は、Ｂ子と適切なコミュニケーションがとれないことに「指導のしにくさ」を感じているようでした。そのとき担任の先生からいただいた情報は、Ｂ子が相談室で見せた様子とずいぶんとかけ離れているという印象でした。

認知行動療法の事象のとらえ方

認知行動療法は、当該の児童生徒を「主体」としてとらえたときに、児童生徒を取り巻くあらゆる状況を「環境」としてとらえ、児童生徒が見せる「行動」は、その相互作用の結果としてとらえるところに大きな特徴があります。そして、観察される「行動」の前後の環境の特徴を「三項随伴性」と呼ばれる枠組みで理解することを試みます（図2）。すなわち、先行事象Ａ（Anteced-

図2　三項随伴性の枠組み

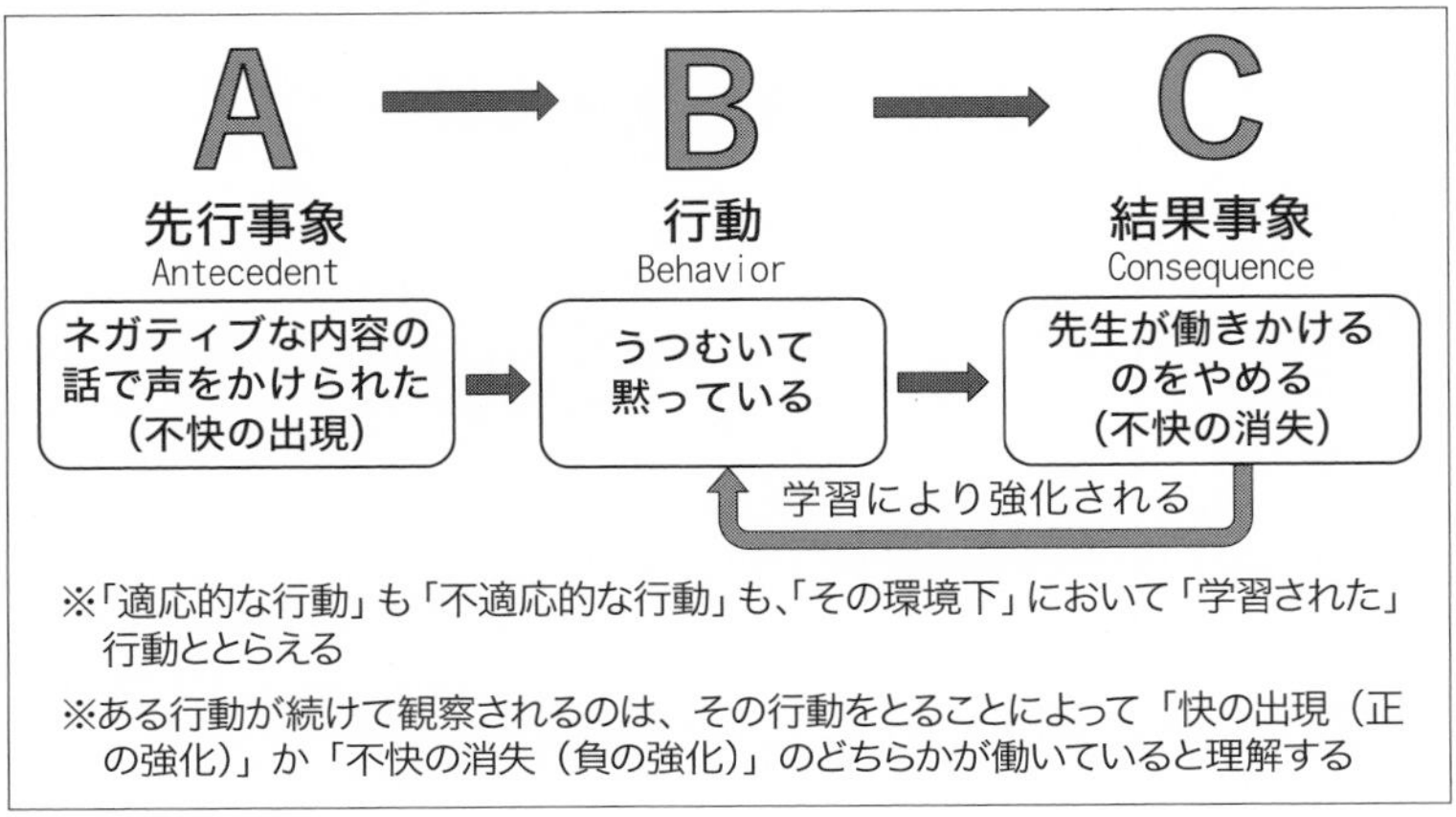
A
B
C
先行事象
Antecedent
行動
Behavior
結果事象
Consequence
ネガティブな内容の話で声をかけられた（不快の出現）
うつむいて黙っている
先生が働きかけるのをやめる（不快の消失）
学習により強化される
※「適応的な行動」も「不適応的な行動」も、「その環境下」において「学習された」行動ととらえる
※ある行動が続けて観察されるのは、その行動をとることによって「快の出現（正の強化）」か「不快の消失（負の強化）」のどちらかが働いていると理解する

ent）→行動B（Behavior）→結果事象C（Consequence）という連鎖に当てはめて考えるのです。そして、一見して「適応的な行動」も「不適応的な行動」も、「その環境下」において「学習された」行動としてとらえることになります。ここで、ある行動が続けて観察されるためには、主に、その行動をとることによって「快の出現（正の強化）」か「不快の消失（負の強化）」のどちらかが働いていると理解することになります。

ここでB子が担任の先生から働きかけられてもうつむいたままでいるのは、先生からB子にとって「ネガティブな内容の話で声をかけられた（不快の出現：A）」ときに、「うつむいて黙っている（行動：B）」と、「先生が（根負けして）働きかけるのをやめる（不快の消失：C）」という構造になっていることが推測されます。先生は、B子を口数が少ない性格ととらえているようですが、先の相談室のエピソードを考えれば、必ずしもそうではないようです。認知行動療法では、観察される行動は「性格」に起因して生じると考えるのではなく、環境の変化が行動の変化をもたらすと考えることから、どのようなときに（環境下で）当該の問題が生じやすくて、どのようなときに問題が生じにくいのかを丁寧に観察、記述していくことになります。

つまり、担任の先生は、B子とはコミュニケーションがとりにくいと感じているために、指導上必要な確認といった最低限の接触（会話）を試みるにとどまっています。結果的にそのことはB子にとって不快が生じることが多いため、「うつむいて黙ること」によって不快な事態を解消する（やり過ごす）ことを学習してしまったと理解することができそうです（負の強化）。

そこで、B子とのコミュニケーションの中でいくつかの確認をすることにしました。

「B子さんのお母さんって、結構厳しいの？」

「割とそうだね、C子の家ほどじゃないけど。二年生の終わり頃に職場体験があって、そのあたりから、きちんとした仕事に就くためには高校とかきちんと考えないとダメだってうるさくなった気がする」

「自分でもそう思ってるの？」

「頑張らなきゃいけないのはわかってるんだけど」

「先生も同じ考えなのかな？」

「たぶん同じ。勉強とか進路とか、提出物もうるさいし」

「そうなんだ。提出物とか出さないとずっと言われるの？」

「そうそう」

「じゃあ、先生から言われたことで結局はやらなきゃいけないことは、自分から先生に出しにいったらどうかな……。きちんと出せば何度も言われないんでしょ？」

「……」

「じゃあ、一緒についていってあげようか？」
「ううん、それは大丈夫」

実際に、週明けに自分から提出物を出すことを試みたようです。担任の先生の話とB子の話をつきあわせると、どうやらB子は担任の先生から、「C子のことをいつも気にかけてくれてありがとな。B子がいてくれてC子は心がずいぶん和らいでいると思うよ」と声をかけられたことが相当嬉しかったようです。

私は、担任の先生に、B子はC子へのかかわりを大切にしているようだから、提出物を出しにいかせるので、少しだけねぎらってほしいと、事前にお願いしておいたのです。先生は、B子とC子の関係はよく知らなかったのですが、「まずはやってみます」と了解いただいていました。その後、C子の話題を含めることでずいぶんとB子とコミュニケーションがとりやすくなったとのことでした。これは、本人側の働きかけの変化と、先生（環境）側の変化の双方を促すことによって、悪循環から好循環への置き換えを試みたことになります。

B子からのサインプレート

次にB子が相談室に来たとき、私は相談室の中にある小部屋で別の生徒の保護者と面接をしていました。B子は小部屋のドアをバッと開け、面接していることに気づくと、「あ、ごめん。静かだったから、先生一人だと思って」と、ばつが悪そうにすぐに小部屋から出ていきました。当該の面接が終了した後、B子は「先生さあ、小部屋の中にいると、入っていいのかわかんないから、何かプレートでも出しといてよ」と言いました。

次週の勤務日、Ｂ子は相談室に顔を見せず、担任の先生から風邪で欠席したと聞きました。保健室に立ち寄って確認すると、養護の先生からも「確かに調子悪かったみたいですね」と言われ、「先生への預かり物がありますよ」と紙袋を渡されました。

紙袋の中身は、段ボール製の手づくりのサインプレートでした。そこには、「お話ししてます」という文字が装飾で描かれていました。そうか、これを画鋲で入り口に貼って、相談中のときにサインを出せってことだな。でも、裏面は「ヒマです」になってるぞ。別にヒマではないんだけどな……。

これ以降、私はどこの学校に行っても、この手づくりサインプレートを使わせてもらうことにしています。

2 適応的な行動を引き出す「環境」づくり

ゴールデンウィークと学校適応

五月に入ると、あっという間にゴールデンウィークは終わってしまいます。子どもたちも、周囲の大人たちも、「さあ、また頑張ろう」と思う気持ちと、「アーア」と思う気持ちが混在しやすい時期でもあります。

私は、臨床心理学の立場から、子どもたちのストレスと学校適応に関する研究を長く行ってきました。その結果、子どもたちの年間のストレスの変化には、ある一定の特徴があることがわかってきました。月を追って子どもたちのストレス反応（症状）を連続的に調べてみると、四月は誰でもストレス反応の表出が相対的に強く、ゴールデンウィークを挟んで次第に下がってくる傾向にあるのです。

しかし、学校不適応に陥ってしまっている子どもたちは、このような一般的傾向とは異なる変化が見られ、ゴールデンウィークが明けてもストレス反応が下がらない傾向にあることが示されています。つまり、子どもたちにある程度の負荷がかかることが予想される時期（ここでは新しい学校や学級など）にストレス反応を表出することは、ある意味当たり前である一方で、負荷があまりかかっていなさそうな時期にストレス反応を表出している子どもは、何らかの学校不適応の問題を抱えている可能性を疑ってもよいかもしれません。

相談室登校が安定してきていたＤ男

中学二年生のＤ男も、このゴールデンウィーク明けの時期をどのように乗り越えるかがポイントだなと私は考えていました。

Ｄ男は、一年生の秋口にクラスで悪口を言われたことをきっかけに、そのまま不登校状態になってしまいました。そして、春休みに入る間際に私との面接が始まり、四月後半から五月にかけて、相談室への断続登校ができるようになりました。Ｄ男は口数が少なく、コミュニケーションをとるのにだいぶ時間がかかりましたが、今では自分から、取り組んだ学習内容やＲＰＧ攻略の進行具合や裏技などを話してくれるようになりました。

相談室の中でＤ男の行動をよく観察していると、他の生徒が入ってきたり、相談室の入り口ドア付近に生徒の気配を感じ取ったりすると、巧妙に席を立ち、物陰にかくれようとする様子が見られました。ところが、先生方（大人）が相談室に入ってきても、それをチラっと見て逃げ出そうとする様子はほとんど見られません。そして、相談室登校が安定してくると、相談室の休み時間などは、時間を持てあましているように見えてきました（当該校では、相談室登校の生徒はチャイムに合わせて教室時間割の教科の自習をしていました）。

そこで、私は、相談室外の大人とのつながりをつくって、学校の中の活動範囲を徐々に広げていこうと考えました。

休み時間に「ちょっと用があって保健室に行くんだけど、視力検査って受けた？」と、あくびをかみ殺していたD男に尋ねてみました。ちょうど少し前に、ＲＰＧにはまってしまったときは、部屋の灯りをつけるのをよく忘れるので、視力が落ちてないか心配だという話をしたところでした。

「このあいだ、視力が心配だと言ってたなと思って。気分転換に一緒に保健室に行ってみない？」

D男は、ギクっとした感じを示しましたが何も言いませんでした。この反応は、私は予想がついていました。というのも、相談室から保健室まではそれほど離れていないのですが、保健室に行くためには、同学年の二年生の教室の前を通らなくてはならなかったからです。そこで、「次の時間、二年生は、特別教室で合同授業らしいから、教室には誰もいないはずだよ」と伝え、相談室の入り口ドアで様子をうかがいながら待っていると、D男は若干躊躇した後、席から立ち上がりました。

保健室での出来事

事前に調べておいたとおり、どの教室にも生徒はおらず、保健室には誰にも会わずに到着しました（養護の先生には、Ｄ男を保健室に連れて行く可能性があると伝えておきました）。

「失礼します。できたら視力検査を受けたいのですが」と養護の先生に声をかけました。「ああ、大丈夫ですよ」と返事があり、私が「ではまず私から。でもだいぶ視力が悪いので、裸眼で普通にだと見えないと思います」と言うと、「あぁ、そのラインから〇・三が見えないということは、嶋田先生はＤ判定ですね。では一歩前にどうぞ」と言われました。

「見えません」「さらに前にどうぞ」「まだ見えません」「もっと前にどうぞ……」

一番大きなランドルト環の切れ目がようやく見えるまでのやりとりを、Ｄ男は笑って見ていました。

「じゃあ、次はＤ男君の番ね」

Ｄ男はすらすらと答えて一・五までなんなくクリアしてしまいました（もちろんＡ判定）。「視力落ちてなかったね」と言うと、Ｄ男は何だか嬉しそうにうなずきました。

「あと、何かすぐにできる検査ってありますかね？」「身長、体重くらいだったらすぐにできますよ」「じゃあついでに測ってもらおうか」

「六月までに結果をまとめなきゃいけないので、Ｄ男君の健康診断の記録がつけられるのは大変助かるわ」と養護の先生も嬉しそうでした。そして、数日後に校医の先生が来る別の学年の内科検診があるので、もし受けたかったらみんなが終わった後、そこに来てもよいと声をかけてくれました。

保健室の常連さんのE子

三人でそんなやりとりをしているとき、ふと保健室の後ろのほうを見ると、ベッドが白いカーテンで覆われており、どうやら誰かが横になっているようです。「大丈夫だったですか」とベッドのほうを見ながら養護の先生に聞くと、「ええ、大丈夫ですよ。いつものことですし」と先生は答えました。「保健室の常連さんなんですよ、E子は」。

その場はD男の前でしたので、それ以上の話はしませんでした。後日うかがった話では、養護の先生はE子の保健室への頻回来室の対応に困っているとのことでした。

「先生は、E子さんを保健室に置いておくことは本人のためにならないと考えているんですね」と養護の先生に尋ねました。

「ええそうですね。いくら保健室がオアシスだっていっても、これ以上甘えさせることってどうなんですかね……」「じゃあ、D子さんをうまく保健室から追い出しましょうか」「そうできればいいんですけどね。私も早く教室に戻るように言ってはいるんですけど……」「では、D子さんの様子について少し詳しくお聞かせいただけますか……」

適応的な行動を引き出す「環境」づくり

前節で紹介したように、認知行動療法では、環境の手がかり（先行事象Aと結果事象C）を重

図３　適応的な行動を引き出す「環境」づくり

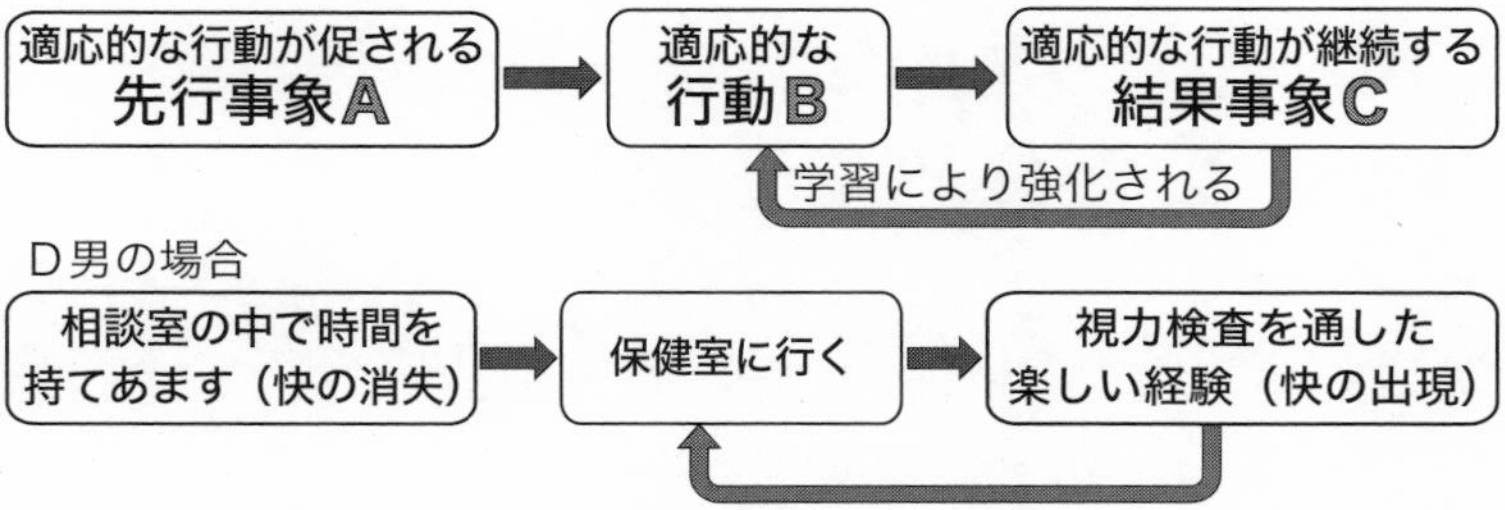

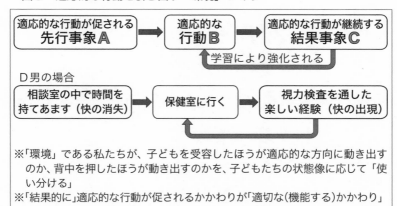

※「環境」である私たちが、子どもを受容したほうが適応的な方向に動き出すのか、背中を押したほうが動き出すのかを、子どもたちの状態像に応じて「使い分ける」

※「結果的に」適応的な行動が促されるかかわりが「適切な（機能する）かかわり」

視しており、実際に観察される子どもたちのさまざまな行動（B）がどのようなときに生じやすいのか、逆にどのようなときに生じにくいのかを整理していくことから始めます。見方を変えると、子どもたちに適応的な行動を促すためには、「適応的な行動が発現しやすい環境を整える」ことが重要な手段になります。

つまり、子どもたちにとっての「環境」である私たちが、子どもを受容したほうが適応的な方向に動き出すのか、逆に背中を押したほうが動き出すのかを、子どもたちの状態像に応じて「使い分ける」ことが大切です。「結果的に」適応的な行動が促されるかかわりが「適切な（機能する）かかわり」と考えます。

D男の場合は、行動観察の様子から、三月終わりや四月頭の頃は、相談室は「チャレンジの場所」だったと考えられます。そして、十分に受容する過程を経て、今では安心できる「居場所」になっていると考えられます。したがって、相談室での不安感や緊張感が和らいだことは、相談室を安全基地として次の段階の目標達成に向かう素地ができたと考えます。つまり、相談室から「追い出す」ための手続きを用いて、たとえ次のチャレンジが失敗したとしても、（再び不登校にはならずに）相談室に戻ってくればよいと考えます。

E子の場合は、保健室が「受容される場所」であることが、本来向かうべき目標に対して「現実から回避できる場所」として、どうやら逆効果になっている（機能していない）ようです。

相談室や保健室がどうあるべきかという全般的な「経営（運営）目標」を考えることはもちろん重要ですが、その意味合いが「当該の子どもにとって」目標を達成する方向に機能しているかという観点がそれ以上に重要になってきます。

例えば、相談室が「心の居場所」として子どもたちに受容的に接するという目標を掲げることは必要なことかもしれませんが、「受容的に接する」という「環境」を整えることが、どのような子どもに対しても成長を促すとは限りません。むしろ、適切な負荷をかけたほうがそれ以上に成長を促すことがあることは、子どもにかかわっている人であれば知っているはずです。

この考え方は、認知行動療法では、しばしば「型」と「機能」として区別して理解します。型は、「見かけ上の」行動や認知、刺激等の有り様を意味します。「型」と「機能」は、ちょうど学校の先生方が使う「指導する」ことと「指導が通る」ことの違いと類似しています。

懇親会での出来事

後日、私は先生方の懇親会に誘っていただき、出席してみました。そこでは、ちょうど養護の先生と隣の席になりました。

「私、保健室は学校の中の居場所やオアシスであるべきだという考え方に、常々疑問を持っていたんですよね。『本当の意味で子どものためになるのか』って考えちゃうんですよ。同じように思っている養教も結構多いと思いますよ」「このあいだの〝うまく追い出す方法〟なんて初めて聞きましたよ。カウンセリングも受容、共感のやり方だけではないんですね。今までは、『子どもたちを受け入れるのか、どんどん自立を促すように突き放すのか』って、どこか〝イチかゼロか〟で考えていたんですけど、個々の子どもたちに対して、保健室にどのような意味合いを持たせるのかをそれぞれに考えればいいんですね。何だかすごくすっきりした気がします」とやや興奮気味に話していました。

よく考えてみれば、この懇親会だって「職員間の親睦を深める」という目標が（おそらく）ありますが、随分とくつろいで話し込んでいるように見える先生もいれば、そそくさと食事だけして帰ってしまう先生もいます。「親睦を深める」という目標を達成するために「懇親会を開く（型）」ということが、個々の先生によって「機能」するかどうかがだいぶ違うな、そんなことを考えた夜でした。

3

「環境が変わると行動が変わる」を見立てに活用

ある雨の日の出来事

六月に入り、じめじめした日々が続くようになると、外出するのも何だか煩わしく感じます。この季節、学校不適応を起こしている子どもたちも一層さまざまな調子の悪さを訴えることが多くなる傾向があります。さらに六月は年間でも祝日がない月です。不適応を起こしていなくても「六月は何だか長い」と感じる子どもたちも多くいるようです。

そんなある日、その時間はある生徒の保護者の面接が入っていたのですが、体調を崩されたとのことでキャンセルになりました。そこで、養護の先生と話す時間があるかなと思案しながら、保健室をのぞいてみることにしました。「お忙しいですかね」と私が尋ねると、

「あぁ、嶋田先生、ちょうどよかった。忙しいには忙しいのですが、先生にお聞きしたいことがあって…」

「何ですか?」

「この間お話ししたE子のことですよ」

E子は、ひと月ほど前に相談された、保健室に「頻回来室」をしているという中学二年生の女子生徒です（前節参照）。ちょっとしたことで身体の不調を訴えて、「保健室に行かせてください」と、しばしば教室から出てきてしまっているようです。

「先日、嶋田先生から、保健室に受け入れることがE子の適応を促すには機能していないかもしれないと教えていただいたんですが、最近になって頻回来室がますますひどくなってしまった感じなんです」

「そうなんですか。確かE子さんの場合は、現時点では保健室に来る〝本当の理由〟は二つの可能性が考えられましたよね」

「ええ。私への注意引き（かまってもらいたい：正の強化）と、教室からの回避（イヤなことから逃げている：負の強化）でしたっけ（図4の「仮説1」と「仮説2」）」

「先生の見立てでは、どちらの理由のほうがより大きいように思いますか」と私は尋ねました。

「私は注意引きのほうかなと思って、嶋田先生に教えてもらったように、なるべく淡々と接するようにしたんですね。アドバイスの通り、簡単に記録もつけてみたのですが、私の対応を変えても、保健室に来る回数はほとんど変わりませんでした」

「なるほど…。だとすると、先生のかかわり方云々ではなく、やっぱり教室からの回避という意味のほうが大きそうですね。ここのところのE子さんは、どんな感じなんですか」

「以前は少し話をしたんですが、最近は私が相手をしないものだから、保健室に来るなり、『体

図４　保健室に“頻回来室”しているＥ子の三項随伴性

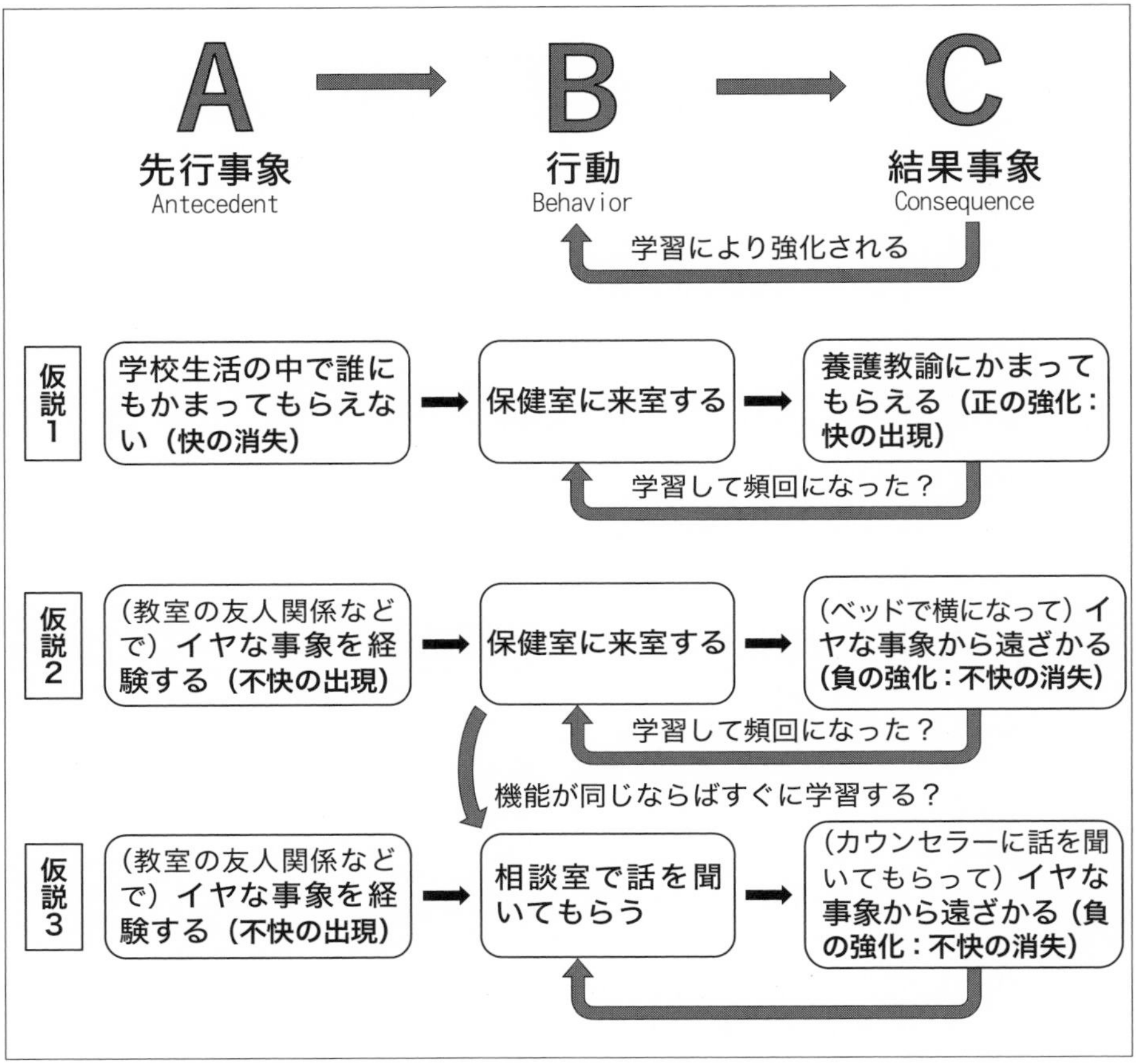

調が悪いので一時間ベッドを貸してください』と言って、プイッと横になっちゃってますね」

「一時間までの利用というルールなんですね」

「そうです。調子が戻らないときはそのまま下校させることになっています」

「なるほど。E子さんも一時間経ったら、そのままおとなしく下校するんですか」

「下校することはするんですが…。そういえば以前、E子と話をしたときに聞いたのですが、早退すると母親がうるさいらしくて、下校をしぶるようなことも結構ありましたね」

「ということは、いずれにしろ〝居心地の悪い状況〟からの回避の意味（機能）で保健室を使うことが多いようですね」

授業中と休み時間の行動観察

「今この時間、E子さんはどうしているんですかね」と私が尋ねると、「今日はまだここへは来ていないので、授業だと思いますよ…。ええと、このクラスは数学になってますね」と、養護の先生が時間割を調べてくれました。

「今、私も空き時間なんですけど、授業って見られますかね」

「さあ、はっきりはわかりませんが、今の時期は蒸し暑いので、教室の廊下側のドアは開いていると思います。でも、もう少ししたらチャイムが鳴ってしまいますよ」

「ありがとうございます。でも、私たちにとっては、そのほうがむしろ好都合なんです。ちょっと行ってきてみます」

E子の顔写真を確認し、所属する二年生の教室に行ってみると、確かにドアが開いていて、数学の授業中のようでした。パッと教室全体を見渡しましたが、なかなかE子の姿が見つかりません。ゆっくりと廊下を歩きながら、教室の生徒たちをそれとなく見ていると、数学の授業をしていた先生が私に気づきました。幸運なことに（?）、その数学の男性の先生は、つい先日、ある別の生徒の行動観察を一緒に行った先生であったため、私が授業中に廊下を歩いていたことで、「誰

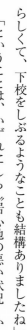

かの行動観察に来たんだな」とすぐに察してくれたようでした。先生は、授業を続けながら、あるおとなしそうな男子生徒の前に移動しましたが、私が軽く首を横に振ると、さらに移動し、机の上に突っ伏している女子生徒の前に立ちました。先生がその生徒に起き上がるように注意すると、女子生徒は顔をゆっくりと上げました。確かにE子のようでした。そこで数学の先生に縦に首を振り、ちょうど生徒たち側からは死角になりそうなところ（先生側からは丸見えでしたが）に移動して、そのままE子の様子を観察していました。E子は、先生に声をかけられたあとは、まったく授業に取り組んでいないわけではなく、板書をノートに写したり、問題を解いたりしているように見えました。

その後チャイムが鳴り、授業が終了し、数学の先生が廊下に出てきてくれました。「今日はE子ですね」と小声で聞かれたため、「ええ、そうなんです。先生にどの子かを教えてもらって助かりました」と伝えました。すると、「じゃあ、この間と同じで、このまま休み時間のE子の観察ですね。私は次の時間は空き時間なので、少しつきあいますよ」と、（E子を自然に観察できるように）廊下で私と立ち話をしてくれることになりました。

私は、数学の先生からE子の様子の情報を聞き取りながら、E子の様子をそのまま観察していました。E子は、授業後も席についたままで、近寄ってきた数名の女子生徒に話しかけられましたが、それに反応したようには見えませんでした。近寄ってきた女子生徒たちは、そのままE子の後ろの席の女子生徒に話しかけ、その位置で談笑を続けていました。しかし、E子がその女子生徒たちの輪に入っているようには見えませんでした。その後、E子は席についたまま、そわそわした様子で過ごしていましたが、ふっと立ち上がり、女子生徒たちの輪から逃げるように離れ、教室から出て行きました（その後、女子トイレの方向へ移動する様子を確認しました）。

数学の先生からは、「E子は、少なくとも数学はできない子じゃないと思いますけど、いったん行き詰まってしまうと、教師を含めて誰かに聞くようなことはまずしなくて、そのまま手も止まってしまうんですよ。実際、さっきもそうだったんです。机に突っ伏していたのを起こして、少し解き方を教えたら、その後は取り組んでいましたね」という情報をいただきました。

「人づきあいが苦手で、友達がいないんですかね」

「表情はある子で、周囲から嫌われているわけではないと思いますが、理科室の授業とかでは、しょっちゅう体調不良を訴えて、一人で保健室に行ってしまうようですよ」

「数学はどうなんですか」

「数学の時間はそういうことはほとんどないですね」

「もしかしたら、E子は友達とやるグループワークみたいなのがイヤなんですかね」

「そう言われれば、そうかもしれませんね。……あと、理科は少なくとも私よりは（あたりの）柔らかい（女性の）先生なので（笑）」

環境が変わると行動が変わることを見立てに活用する

認知行動療法では、行動観察から得られた情報（どのような「環境」下で、どのような「行動〈反応〉」が見られるのか）を大切にしています。E子の場合は、数学の授業ではほとんど保健室に行く（授業を抜ける）ことをしないにもかかわらず、理科の授業では頻回に保健室に行くという行動が見られるようです。そこで、この数学の授業と理科の授業に関して、〝E子にとっての差異〟はどこにあるのかを考えていきます。

数学の授業は座学授業であり、グループワークはほとんど行わないようです。一方、理科の授業は、座学のこともありますが、ほとんどは理科室でグループごとに着席し、一緒に作業等をすることが多い授業展開のようです。そして、前を向いて着席している（数学の）授業中の場面は、その場にとどまっている様子が観察された一方で、自由に他者と交流できる休み時間の場面では、周囲の働きかけには反応せずに、その場を離れていく様子が観察されました。

図5　認知行動療法における行動観察

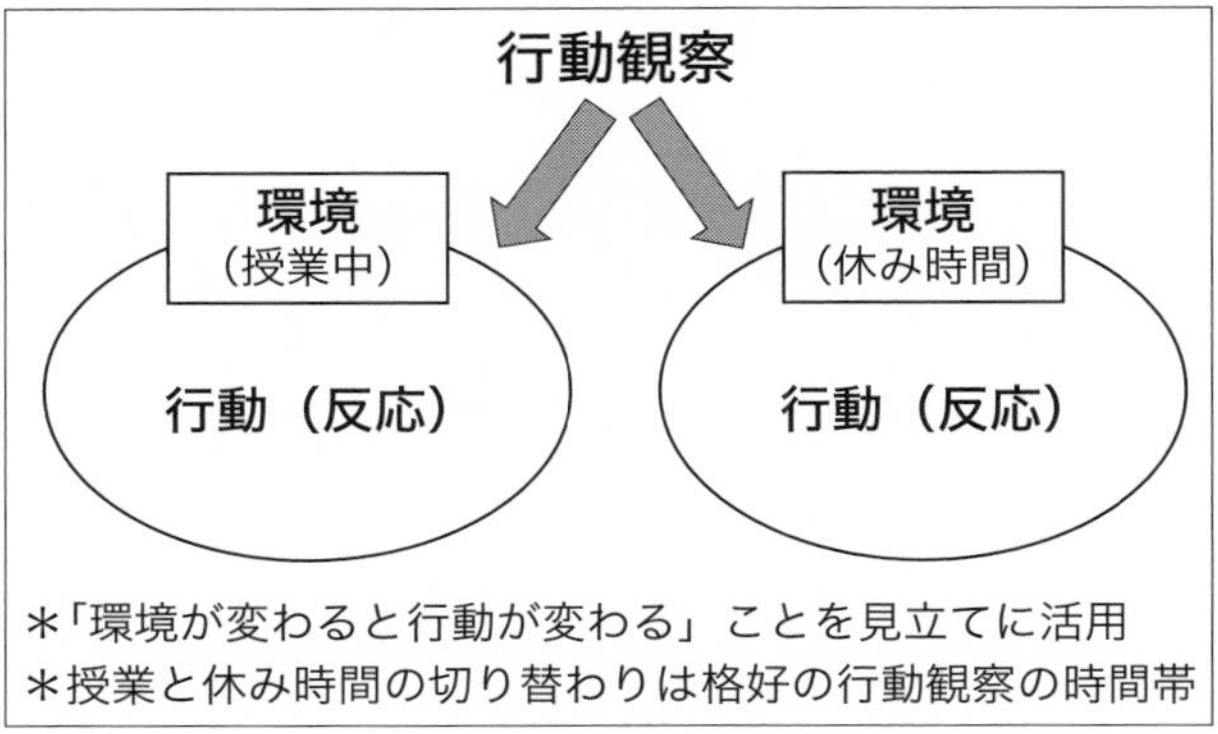

学校においては、子どもたちの不適応行動が何に起因するのかを大きく把握したいときに、「環境が変わると行動が変わる」ことを見立てに活用します（図5）。

具体的には、座学の授業時間（前を向いて着席している以外の行動がとりにくい場面）、グループワークがある授業時間や給食、清掃、自習時間など（何をするべきかは明確であるが、ある程度行動の自由が許容される場面）、休み時間や登下校、放課後の時間（ほとんど行動が制約されない場面）の様子を整理していくことが有用です。特に、対人場面を苦手とする子どもたちにとっては、行動の自由度が小さいほう（座学の授業時間）が相対的に苦痛を感じにくく、自由度が大きくなるにつれて苦痛が増してくることが多いようです。したがって、授業と休み時間の切り替わりは格好の行動観察の時間帯になります。

E子の場合、このような情報を整理すると、保健室への頻回来室は、（不快に感じる）友人関係などの対人場面を、保健室のベッドで横になって過ごすことによって回避して不快が消失する（負の強化）という「三項随伴性」で理解することができそうです（図4の「仮説2」）。したがって、この理解が正しければ、保健室に行く以外の方法で、うまく対人場面を回避することができれば、その方法はすぐに身につく（学習する）はずですし（図4の「仮説3」）、対人場面での不快な経験を減らすことができれば、それに応じて保健室への頻回来室は減っていくことが期待できます。

E子の「回避したい気持ち」をも支援に活かす

その後、養護の先生に、先の私の見立ての説明をしました。

「結局、私はどうすればいいのですか?」

「生徒指導部会に確認をして、保健室で一時間過ごしたあと、（口うるさい母親が待つ家に）帰宅するか、相談室で話を聞いてもらうかを選択できるようにしていただきましょうか。次にE子さんが保健室に来たとき、ルールの一時間を使い終わる頃、私も保健室に来るようにしますので、E子さんに紹介してもらえますか。しばらくは相談室も〝回避の場〟として使いながら、ソーシャルスキルトレーニングをやってみますよ」

「わかりました。お願いします」

私自身の機能にも配慮する必要が…

「そういえば、この間、E子の数学の○○先生とも話していたんですが、心理の先生って、見ているところが教師とずいぶん違うんですね」

「そうかもしれませんね。いろんな学校からの要請で問題とされる生徒の授業中の様子を観察しにいくと、たいていはどなたかがついてきてくれて、授業が終わる前に『ではそろそろ校長室へ』と言われることが多いですね。もう少しここにいていいかと尋ねると、たいていは怪訝な顔をされますよ」

「そうでしょうね。多くの教師は、自分の〝指導方法（授業）がどう評価されるのか〟を気にする習慣がついていますから」

そうか、授業中の行動観察は私自身の機能にも、もっと配慮する必要があったのか…。

4　認知の変容は「目標」ではなく適応促進の「手段」

ある暑い日の出来事

七月に入るとぐっと暑い日が続くようになりますが、期末テストなどを乗り越えて（！）夏休みが近づいてくると、どことなくウキウキしているように見える子どもたちも増えてくるようです。相談室の支援も、夏休みの区切りを意識した見通しや組み立てを考えることが多くなります。

その年は、ある女子高校の相談室に勤務していました。その高校は、学校不適応を起こしている生徒が多く、中途退学者の数も目立ちました。そこで、生徒指導、生活指導、教育相談担当の先生方と「とにかくいっぺんには対応できませんので、できる限り、一人ひとりの生徒に応じた支援策を考えていきましょう」と打ち合わせ、かなりの時間をかけて、結構な人数の生徒に関する情報をいただきました。

後日、昼休みの相談室「オープン利用」の時間（カウンセラーが空いていれば予約不要で相談が可能な時間）、先の多くの生徒情報のリストを整理していたときに、相談室ドアのノック音がありました。「今の時間は相談ができますか？」「はい、今は誰もいないので大丈夫ですよ」「では、お願いします」。「では、中のそのイスにどうぞ」と声をかけると、礼儀正しい印象の女子生徒が緊張気味に入室してきました。

「あらためて、こんにちは。カウンセラーの嶋田といいます」

「……あのう、名乗らないといけませんか」

「どうしてもイヤだっていうなら〝秘密〟でもいいですよ」

と笑いながら答えると、

「どうしてもというわけではないんですが、少し変な相談なので。……二年一組のF子です」

「ありがとう。F子さん」と返しながら、先ほどまで整理していた生徒情報の生徒の名前を頭の中で振り返りましたが、おそらくリストには名前がなかった生徒でした。

不本意入学をしていたF子

「どれくらい〝変な〟相談なんだろうね。よかったら聞かせてくれる？」

F子は若干躊躇しながら、「〝表面的に〟つきあえる友達のつくり方ってありますか」と話し始めました。

「友達が欲しいなって思っているんだね。それも表面的な」

「はい」

「どのくらいの表面的な友達がいいんだろうね」

「そうですね……、一緒にお昼を食べたり、授業教室の移動を一緒にしたりとかですかね」

「なるほどね。でもそれって、なんだか〝普通の〟友達みたいに聞こえるけど？」

と私が応答すると、F子はうつむいて黙り込みました。

少し沈黙が続いたので、私は「お話しできるようになるまで待ってるよ」と声をかけました。するとF子は、軽くうなずき、さらに少し間をおいて、「〝あの子たち〟とは深くつきあう友達にはなりたくないんです」と再び話を始めました。

「今はそういう気持ちなんだね。〝あの子たち〟っていうのは同じクラスの生徒のこと？」

「そうです。同じクラスの子もそうだけど、この高校の生徒全員かも」

「なるほどね。ということは、〝あの子たち〟とは、深くつきあいたくはないけど、お昼は一緒に食べたいんだね。確かにちょっと少し変な相談だね」

私が笑ってそう返すと、F子は「やっぱりそうですかね」と笑顔になり、幾分緊張が和らいできたように見えました。

そしてF子は、中学時代は吹奏楽部のパートリーダーとして頑張っていたこと、高校受験に備えるために本当はやりたかったこと（街に出て買い物など）を我慢してきたこと、高校入試で受験したすべての高校に落ちてしまったこと、進路に高認試験の利用を考えたこと、二次募集のあった「レベルが低いこの高校」に不本意に入学したこと、この高校の生徒である（と周囲に知られる）ことを恥ずかしいと感じていること、最終学歴になる（予定の）大学進学を目指して毎日勉強に取り組んでいることなどを話してくれました。

「高校受験で失敗したことは確かに残念だったね。でも、今は気持ちを切り替えて、大学受験に向けて頑張っているんだよね。それってすごいと思うよ」

「はい。一年の頃はそれで頑張れていたんですけど、何だか寂しくなることが最近多くなって」

「どんなふうに？」

「私は〝あの子たち〟としゃべらないので、授業中に先生に指されないと、ひと言もしゃべらない日があるんです。そんな日は、さすがに自分でも心配になって、トイレの中で独り言を言ってます。これって、ヤバイですよね（笑）」

「いや、何だかF子さんの気持ちがわかるような気がするよ。F子さんと同じ立場だったら、私も同じことをするかもしれない……。そんな中、ここまで一年半近くもよく頑張ってきたね」と話すと、F子の目は涙でいっぱいになりました。

F子の「認知の歪み」

少し間をとってから、「今は同じクラスの子たちとはまったくしゃべらないの？」と私が尋ねると、F子は「こんなことを言ってはいけないってわかっているんですけど」と何度も前置きした上で、

「〝あの子たち〟としゃべると、何だか自分の能力が低くなってしまう気がしてすごくイヤなんです」

「今のF子さんはそう感じるんだね。クラスの子たち同士って、どんなことを話してるの？」

「男の子の話とか、アイドルの話とか、援交みたいなヤバイ話とかもしてる」

「そういうレベルが低く感じる話に加わるのがイヤなんだね」

「そうですね」

「確かに、自分の考えとかに合わない話に入って、ずっと調子を合わせなきゃいけないのは苦痛だよね。じゃあ、例えば形から入って、同じような服装やオシャレをするとかは？」

と尋ねると、F子は「それだけは絶対にイヤです」ときっぱりと言い放ちました。確かに当該の女子高校は、派手な化粧や極端なミニスカートの制服の生徒が多く、先生方も生活指導面にずいぶんとエネルギーを費やしていましたので、F子の反応も十分に理解できました。

「なんだかそう言うかなって気がしたよ。でも、そもそもクラスの子としゃべると、本当に能力が低くなるのかな？」

私はまず、このような少し極端に感じるものの考え方を「認知の歪み」ととらえ、この「認知の歪み」の変容が可能かどうかを少し調べてみようと考えました。するとF子は、

「頭の中では、決してそんなことはなくて、一人で勉強を続ければいいってわかっています。だけど〝あの子たち〟って何も我慢しないで、好き勝手に暮らしてきたじゃないですか。ここで〝あの子たち〟に合わせるってことは、（私が）我慢して、ここまで積み上げてきたものを全部〝チャラ〟にするってことになっちゃう気がして……」

「なるほどね。F子さんはそう考えているんだね。確かにそう考えていたら、簡単に譲るわけにはいかないよね」

このあと、何度か尋ね方の角度を変えて「認知の歪み」の変容の可能性を探りましたが、私は、

「ずいぶんと固いな」と感じました。そこで、ひとまずこの固い認知はそのまま置いておき、もともとのF子の訴えに立ち戻り、〝表面的に〟つきあえる友達をつくる試みから始めてみることにしました。

認知の変容は「目標」ではなく、適応促進の「手段」と考える

認知行動療法では、「認知の歪み」を変容する技法は「認知再構成法（認知的再体制化）」と呼ばれ、ある意味、認知行動療法の「顔」とも言える重要な技法です（比較的構造化された認知再構成法としては「コラム法」がありますが、本書では後の第一章第一〇節で触れます）。ところが、認知行動療法の実践を試みている方々から一番多くいただくのは「なかなか（対象者の）認知が変わらない」という質問です。

特に、F子が持っているような「人を見下すような考え方（認知の歪み）」に出くわすと、「それは〝間違っている考え方〟なので、その内容を〝修正〟しないといけない」と考える方が多いようです。もちろん、対象者への適切な支援や働きかけによって、その認知の内容が修正されれば一番よいのかもしれません。しかし、実際には、歪みの内容の修正が難しいために、支援者の側が壁にぶつかってしまい、先に述べたような質問につながっているようです。

ここで肝要なことは、「認知の歪み」の〝変容〟は、最終的な「目標」ではなく、あくまでも対象者の適応促進の「手段」であるととらえることです。すなわち、支援者の側が、「認知の歪み」の内容の直接的修正のみにこだわらず、他の側面の支援の可能性がないかを常に考えることが重

要です。言い換えれば、「認知の歪み」の変容が、行動や情動の変化をもたらすことが想定されると同時に、行動の変容が、認知の内容や情動の変化をもたらすことも十分に想定されます。

F子の場合にも、第一章第三節のE子と同じように、その後、ソーシャルスキルトレーニングを行いました。ある程度〝あの子たち〟とコミュニケーションがとれるようになったF子は、実際に「〝あの子たち〟も結構いい子かもしれない」と相談室の中で言い始めました。

「それって、この前言っていた〝見下しちゃう考え〟がなくなったってことなのかな」

「ううん、たぶん考えは変わってないと思うけど、比べる物差しが違うっていうか……」

「それってすっごい発見かもよ……」

相談室に関する「認知の歪み」？

後日、私はこの高校内の定期の教育相談部会で、簡単にF子の相談経過の報告をしました（特定の校務分掌の先生には相談があったという事実だけは報告することについて、F子の了承済みでした）。すると、生徒指導担当の先生から「えっ、二年のF子ですか？　あの成績優秀の？　何か問題を起こしたんですか？」と聞き返されました。

「いや、決して具体的な問題を起こしたわけではないんですが、高校生活の中で、F子さんなりにもがいているようです」

「へえ、わからないもんですね。まったくノーマークでしたよ。この間のリストにもなかったですよね。相談室を利用する生徒って、問題を起こす生徒ばっかりなのかと思ってました」

すると、教育相談担当の先生が、「そういうのを認知行動療法では、『認知の歪み』って言うらしいですよ。ねぇ、嶋田先生」と返しました。「まぁ、そんな感じですかね……」。

そんなやりとりを聞いていて、別の学校でのある場面を思い出しました。ある先生が生徒を指導していたとき、通りかかった私に気づいたその先生が生徒に向かって「そうだ、今度やったら嶋田先生にカウンセリングしてもらうからな」と言うと、生徒も「それだけは勘弁してぇ!」と言ったのでした……。

5 もともと持っている行動レパートリーの「機能」を活かす

夏休み明けと学校適応支援

九月に入ると、また学校の中にもたくさんの元気な子どもたちの声が戻ってきます。最近は、二学期制（九月は一学期の続き）を導入している小中学校も珍しくなくなってきましたが、やはり長期休業の後は、それなりの物理的・心理的な区切りになることが多いようです。

公立施設に設置されている適応指導教室などでも、再び学校に適応するための「きっかけ」として、九月の区切りを積極的に使っていくこと（不登校児童生徒に対しては学校への登校にチャレンジする期間とする等）も数多く試みられるようになってきました。

そのような背景もあって、この時期は、不適応状態にある子どもたちも、大小さまざまな形で、ある意味の「決断」を迫られることもあるようです。

中学二年生のＧ男も、そのような状況にある生徒の一人でした。Ｇ男は、中学校入学当初、小学校時代から続く「いじめ」の問題（三、四名のクラスメートから本人が嫌がるあだ名で呼ばれる、教科書やノートに落書きをされるなど）があり、登校をしぶる傾向が見られました。保護者も学校も早くにその事実を把握し、ベテランの女性の担任教諭の細やかな根回しなどが功を奏し、学校がうまく仲介する形で、加害側とされる三組の親子が、G男と母親に対面で直接謝罪をして「解決した」とのことでした。

その後、G男はうまく立ち直り、以前のように元気になったように見えたとのことです。

不登校状態になってしまったG男

ところが、中学二年に進級し、一学期の半ば頃から、G男は再び断続的に欠席が目立つようになり、やがてまったく登校することがなくなってしまいました。欠席が始まった最初の数日は「食あたり」が原因であったようですが（家族にも同様の症状が見られたとのこと）、その後、頻繁に身体的不調を訴え、遅刻、欠席をするようになったのです。

欠席が目立つようになった頃、G男の様子を心配した母親が、中学一年の登校しぶりのときにアドバイスをもらっていた学校外の相談施設のカウンセラーに再び相談したところ、いじめという「トラウマ体験」に起因する「自尊心の崩壊」があるので、くれぐれも無理をさせずに、本人の自由にさせるようにしたほうがよいと言われているとのことでした。

G男の学級担任の先生は、進級後、採用二年目の若い男性の先生に交代していました。スクールカウンセラーとして私も参加していた校内教育相談部会で、担任の先生は、G男に関する情報交換を行った際に、「(自分は) 心理学の知識はほとんどありませんが、担任としてやれることは何でもやるつもりですので、ぜひとも具体的なアドバイスをください」と、強い意気込みをみせていました。当該の中学校では、不登校生徒には可能な限りのケアをするという目標が掲げられており、G男の担任の先生は、たとえごく短時間であっても「一週間に一回の家庭訪問」をしているとのことでした。

学校は、G男の母親が学校外の相談施設のカウンセラーに相談していることは (G男自身は直接相談には行っていないことも) 把握していましたが、なかなか進展が見られないということに対して問題意識を持っていました。そこで、最近のG男の状況を把握するために、一度、スクールカウンセラーの私と学校の中で面接をすることを母親に促してみるということになりました。

その後、担任の先生から母親の携帯電話に連絡をしたところ、「すぐにでもお願いしたい」ということで、その日のうちに翌週の予約が完了しました。

G男の母親の言い分?

次週、私は予定通り、G男の母親と学校の相談室でお会いしました。

「はじめまして。カウンセラーの嶋田です。よろしくお願いします」

「こちらこそ、どうぞよろしくお願いします。こんなふうに、息子のことを相談できる機会をつくっていただいて、本当にありがとうございます。ぜひ、別の先生のアドバイスもいただきたいと思っていたところなんです。学校の先生方も、もっと早くスクールカウンセラーの先生の紹介をしてくだされればよかったんですけどね」

と、母親はかなりの早口で話を始めました。ずいぶんとエネルギッシュな印象のある女性でした。

「G男君でしたね。最近はお母さまからご覧になって様子はいかがですか？」

「近頃は何だか良い方向に進んでいる気がまったくしなくって、このままで本当に今後大丈夫なのかなって感じです」

「そうですか。最近のG男君を見ていると心配なんですね。具体的にはどのような様子なんですか」

「学校を休んでいる日は、たぶん一日中テレビやビデオ録画を見たり、ゲームをしたりしていますね」

「そんなときは、お母さまはG男君に声かけなどされるんですか」と私が尋ねると、「そうなんですよ。私が聞きたいのはそのことなんですよ」と、母親は大きく相づちを打ちました。

「G男のことで、（学校外の）カウンセラーの先生に相談しているんですが、G男は、中一のときのいじめの問題がトラウマ体験になっていて自尊心が下がっているので、絶対に無理をさせるなって言われているんです。〝登校刺激〟というのを与えてはいけないようなんです。それで私も覚悟を決めて、夏休みが明ける九月までは、何も言わずに我慢しようと思ってたんです」

「そう覚悟を決められたんですね」

「そうなんです。本人も、九月からはちゃんとすると言っていたもので。でも実際に九月になっても、結局あんまり状況が変わらないというか……。あと、私自身も〝成長する〟必要があるみたいなんです」

「お母さまのほうが成長するということですか？」

「ええ、私自身が、子どもの不登校を本当の意味で受け入れないと、G男は良くならないらしいのです。そんなもんなんですかね？」

「そのようにカウンセラーさんに説明されたんですね」

「はい。でも私も会社の総合職で働いているもんで、夫も私も小三の妹も、G男の登校時間よりも早く家を出るんですよ」

「朝出勤される前に、お母さまはG男君には何か声をかけるんですか？」

「ええ、九月になってからは、約束なので『今日はどうするの？』って聞いてるんですが、『今日は行くよ』とは言うんですけどねぇ。帰宅してみると、結局パジャマ代わりのスウェット姿のままで、着替えた様子もないんですよ。やっぱり私が我慢できずに、成長してないのが問題なんですかね？　でも、本当に注意したらダメなんですか？　私が不登校を受け入れれば、本当にまたG男は学校に行くようになるんですか？　焦るなって言われてるんですけど、いつまでも状況が変わらないので、やっぱり焦りますよ」

母親は、今受けているカウンセリングに対してずいぶんと多くの疑問を持っているようでした。そこで、私は、今疑問を持っていることはそのまま受け入れ、以前の「いじめ問題」の対応の際に、母親自身が良いやり方だと感じた方法をいくつかあげてもらうことにしました。結果的に、母親は、当時の明らかにエネルギーがなく顔色の悪かったG男には、カウンセラーにアドバイスされた方法がマッチしたのだろうととらえていることがわかりました。そして、そのことをフィードバックすると、母親もだいぶ落ち着いてきた印象がありました。

そこで、「当時使っていた方法は、〝じっくり作戦〟だったのだと思いますよ。それで、当時のG男君にうまくエネルギーがたまったことで、うまくいったのかもしれませんね」と伝え、「お母さまのお話をうかがうと、今のG男君のエネルギーは低下しているわけではなさそうなので、その様子をそのまま（学校外の）カウンセラーさんに伝えてみてはいかがですか」と提案しました。母親は、それに賛同してくれました。

そして、さらに「G男君自身は、私と会ったり、話をしたりすることはできますかね？」と尋ねると、最初は人見知りのような様子を示すと思うが、（嶋田みたいな雰囲気の人だったら）おそらく大丈夫だと思う、と答えてくれました。そこで、外部施設の相談に次回行く際に、G男とスクールカウンセラーである私が直接会うことについての意見をカウンセラーからもらってきてほしいと伝えました。

G男の支援方法の再設定

後日、G男の母親から学校に連絡があり、学校外のカウンセラーから、G男とスクールカウンセラーが会ってみるのは変化のきっかけになるのではないか、そしてG男とスクールカウンセラーが直接会うことができて、G男と母親が望むのであればスクールカウンセラー中心の支援に切り替えてもよいのではないかというアドバイスをもらったとのことでした。その後、周囲がうまく働きかけてくれたこともあって、私はG男に学校の相談室ですんなりと会うことができました（一度の家庭訪問をはさみました）。

そして、G男とゆっくりと話をしていく過程の中で、G男は、周囲から「不登校児」扱いされるのは不本意であると感じていること、中学一年時のいじめの問題（加害生徒の存在の影響も含みます）は現在の欠席とほとんど関係がないこと（直接的な言語報告以外の確認も含みます）、家ではなんとなくダラダラ過ごしてしまっていること、そして母親を少し口うるさいと思っていること、今年の担任の先生は優しくて大好きであることなどを把握しました。

担任の先生は、G男がいつクラスに戻ってきてもいいようにと、家庭訪問時に、クラスの中のさまざまな出来事の共有はもちろんのこと、各教科の進度状況の伝達や、担任の先生が担当している理科のミニミニ授業まで行ってくれていました。

この情報を含めて、認知行動療法の枠組みから、あらためてG男のケースの見立て（ケースフォーミュレーション）を行ってみました。その結果、学校の中には特徴的な登校阻害要因がないこと、そして家庭の中には家にとどまることを促進してしまう要因（好きな時間に好きなことができる、大好きな担任の先生が定期的に家庭訪問してくれる、学校の情報に遅れなくてすむなど）が数多くあることから、家での「居心地が良すぎる」というバランスの悪さが、不登校状態を維持している背景にあると考えられました。

そこで、担任の先生との関係性の良さを利用して、家庭訪問が果たしていた役割を徐々に学校の中に移行すること、家での過ごし方のルールをつくることを行ってみました（大きくは、家から学校に物理的、心理的に徐々に近づいていく方法である「継時的近接法」を用いました）。

母親とも面接を続け、前のカウンセラーの先生の〝じっくり作戦〟の効果でG男にエネルギーがたまったこと、そしてこれからは、G男に若干負荷のかかる可能性のある〝積極作戦〟に切り

図６　「型」重視のアドバイスと「機能」重視のアドバイス

「口を出したい母親」に対して
「本人への過剰な干渉を減らす」ことを求める場合

⇩

△　こうあるべきという「型」重視のアドバイス
母親に「黙って見守っていてください」と
行動の修正を求める

◎　目的の達成という「機能」重視のアドバイス
母親に「お母さんでないとわからない情報を
積極的にください」と行動の方向性の変容を求める

もともと持っている行動レパートリーの「機能」を支援に活かす

⇩

結果的に、本人への母親の過剰な干渉を
より効果的に減じることができる

替えることを説明し、了解を得ました。

そして、担任の先生と私がこの〝作戦〟を一緒に遂行するにあたって、G男にとって過剰な負荷になっていないことを確認する役割として、母親でないとわからない生活上のチェック（食欲が落ちていないか、夜きちんと寝ているかなど）の結果を随時報告していただくことにしました。これは、（口を出したい）G男の母親に対して「黙って見守る」というアドバイスがうまくいかなかったエピソードを踏まえ、むしろうまく作戦に「加わってもらう」ことによって、結果的にG男への過剰な干渉を減じる狙いがありました。

このように認知行動療法では、こうあるべきという「型」を重視して、それを積極的に変えると考えるのではなく、もともと持っている行動レパートリーと適応を目指す環境をどのように組み合わせれば目的が達成できるような「良循環になるのか」という「機能」を重視するところに特徴があります。

G男は結果として毎日登校できるようになったのですが、後日母親から「カウンセリングでいただくアドバイスって、カウンセラーさんの〝性格〟によるんですね。先生みたいに前向きな考えの方にあたってよかったです」と言われ、答えに窮してしまいました。性格のせいではないんだけど……まあいいかな。

6

不適応行動は「別の行動」に置き換える

体育祭での出来事

一〇月は、学校では行事が多くなる時期です。その年にスクールカウンセラーとして勤務していた中学校では、例年この時期に「体育祭」を実施していました。体育祭当日は、真夏を感じるほどに暑く、私は、相談室登校をしていて他の生徒とは一緒に参加できない生徒たちと、普段は使用していない三階の空き教室から競技の様子を見学していました。

相談室登校の生徒たちとは、最初から体育祭を欠席するものと決めつけずに、前もって「自分なりの参加の仕方」を話し合っておきました。結果的に、体育着に着替えて空き教室から見学することにした生徒が多かったのですが、なかには「クラス全員リレー（だけ）に出る」ことを決めた女子生徒H子もいました。他の生徒たちも、自分の学年の競技などは、窓に身を乗り出して見学する様子が見られました。

「そろそろH子さんの出番だね」と、二年生のクラス全員リレーを見学しながら「相談室応援団」もひときわ盛り上がっていました。H子は、順位の変動はなかったものの、無事にバトンを次走者に渡し、リレー競技もすべてのチームがゴールを果たし、何だかほっとしたそのときでした。リレーで最下位になったクラスが所属するチーム（チームは各学年が混在して構成されている）の赤色のハチマキの男子生徒数人が、グラウンドのリレーのコースに入ってきました。気がついた先生方が、すぐにその生徒たちを制止しようとしたように見えましたが、生徒たちはその場にとどまり、先生方と押し問答をしながらもめているようでした。後から聞いたところ、男子生徒たちは三年生で、二年生の全員リレー競技の結果を見ていて、自分たちと同じ赤チームの二年生の「ふがいなさ」に「喝」を入れようと、応援すべきエリアから飛び出してきたとのことでした。

しばしばキレてしまうI男

体育祭でトラブルを起こしたリーダー格の生徒は、三年生のI男でした。そして、先生方との押し問答の際には、非常に興奮して先生を小突いたとのことでした。I男は、小学校時代から粗暴傾向が見られ、当時からしばしば指導対象になっていたようです。中学校入学後もその様子に変化は見られず、前年度の二年生の夏休み明けくらいから、特にキレることが多くなったとのことでした。そして、この体育祭のトラブルをきっかけとして校内の生徒指導部会で話し合いがなされ、卒業に向けてI男を少しでも良い状態にするために、私のカウンセリングを受けさせることを決めたとのことでした。

そこで、まず私は生徒指導主任の先生とクラス担任の先生から、I男の情報をいただくことにしました。先生方からは、I男は服装や頭髪の違反がしばしばあり、指導を受ける機会がだいぶ多いこと、指導を受けるとたびたびキレること（教師に暴言や捨て台詞を吐くこともある）、交友関係は比較的広く、良くも悪くも「リーダー格」であること、たまに気が向いたときには集中して作業をすることがあること、などの情報をいただきました。そして、先生方が把握している家庭環境に関する情報では、母親に些細なことでくってかかって親子喧嘩になることがよくあること、そして、そのようなときには母親もI男に負けずに「応戦」し、「母親にやられた」とI男が顔に傷をつくって登校してきたこともあったとのことでした。

「ずいぶんとかかわりが難しそうな生徒ですね」と私が先生方に伝えると、「そうなんですよ。なかなか指導が通らず、正直だいぶ困っています。周囲の三年生も進路の問題があるので、そろそろ落ち着かせたいなと思っていて。I男はカウンセリングで少しは変化が期待できますかね？」と質問されました。

「変化が期待できるかどうかはすぐにはわかりませんが、まずはやってみます。I男君は相談室に来てくれますかね？」

「まともには無理だと思いますが、何とか連れてきちゃいましょうか？」

「ゆくゆくはお願いするかもしれませんが、普段の様子も観察してみたいので、ちょっと機会をうかがってみます。I男君に会えるチャンスがあったら教えていただけますか」と伝えました。

I男とのかかわり

その後、私が別の三ケースほどこなしたところで、養護の先生が相談室にやってきました。

「さっき、I男が保健室に来ましたよ。少し風邪気味みたいで、今検温しています」

「わかりました。私もここで少し時間があきますので、一人で保健室に行ってみますね」

「失礼します」と言いながら保健室に入ると、男子生徒が一人で座っていました。「保健の○○先生は？」と生徒に尋ねると「さっきどっかに出ていった」と返答がありました。

「あそう。じゃあ、○○先生が戻ってきたら、スクールカウンセラーの嶋田が来たって伝えておいてくれる？」

「いいよ」

「ありがとね。君は何年の誰君？」

「三年のI男」

「I男君ね。今度相談室にも遊びにきてよ」

「あんまり悩みとかないから、いいよ」

「そうなんだ。じゃあ悩みができたらおいでよ（笑）」

「気が向いたらね」

と話をして、そのときはそこで引き上げました。I男は、調子が悪いこともあってか、先生方のお話からのイメージとは異なり、ずいぶんと落ち着いているように感じました。

二週間後の勤務日、昼休みの自由相談の時間に、I男は生徒指導の先生に連れられて相談室にやってきました。どうやら直前に先生方に指導されたようで、先日の保健室での印象とは異なり、頬を紅潮させて興奮しているようでした。「お、I男君じゃない。どうしたんですか?」と私が尋ねると、「I男が視聴覚教室の機械を壊したんです」と先生が答えました。するとすぐに「壊したわけじゃねえ」「壊したじゃねえか」と、押し問答が始まってしまいました。そこで、「じゃあ、ちょっと私がお話を聞きますね。I男君を置いていってもらえますか」と先生にお願いをしたところ了承が得られました。

「今、他の子と話をしているけどもう少しで終わるから、ちょっと待っててね」と、I男を相談室の中の小部屋に通しました。実際には他の生徒の相談はすぐに終わったのですが、あえて一〇分近くあけて私は小部屋に入りました。「お待たせしました。ゴメンね」と声をかけると、I男はそれには応答しませんでしたが、明らかに先ほどの興奮は冷めているように見えました。

「(機械を)壊してないんでしょ?」

「壊してない」

「じゃあ、そもそも機械に触っていないんだ?」

「……いや、触ってはいたけど、係の人が機械の調子が悪いって言ってたから、試してたんだ」

「じゃあ、I男君が壊したっていうのは誤解なんだね?」

「そう」

「だったら、私からも先生たちの誤解でしたよって言っておくよ。でも、なんでそんな誤解されちゃったんだろうね」

「さあね、いつも俺がキレるからじゃない」

「へえ、しょっちゅうキレるの？」

「まあね」

そして、Ｉ男は、生徒指導主任の先生を中心として先生方を疎ましく感じていること、自分としては理由なくキレることはなく、キレること自体はあまりよくないと思っていること、一人親である母親もキレやすく、自分のキレる性格は親の遺伝子を受け継いでいる（誰かにそう言われた）と思っていることなどを話してくれました。

「そうか、結構いろいろ考えているんだね。今日はいきなりだったんで、次の人が来るからこれで終わりなんだけど、もう少しＩ男君の意見を聞きたいのでまた来てよ。機械のことは、先生たちには誤解だって強調しておくから、私に任せてよ」

「わかった」

キレる行動を止めさせる？

学校の中で活動をしていると、特に「反社」（反社会的問題行動）傾向の子どもたちが対象のときには、「問題行動を止めさせる」ということが先生方の当面の目標になりがちですが、認知行動療法では、「〜を止めさせる（しない）」ことを達成するために、具体的に「何をさせるのか」を考えていくことに特徴があります。

すなわち、Ｉ男の場合には、「キレる行動を止めさせる」ために、どのような行動に置き換えていけばよいのかを考えていきました。そのために、まず、I男のキレる行動はどのような環境下で生起しやすいのかを調べていきます。そして、キレる行動を用いることによって、I男にとって、どのような結果が得られているのかという「機能」を推測していきます。

I男に関するさまざまな情報を集約したところ、発達障害等の可能性があまり想定できないこと、ほとんどのエピソードにおいて、キレる行動は「(格好をつけたい)他の生徒の前での先生方の強い指導」の際に生起していること、別室指導などでは落ち着いて話ができることなどがわかりました。

そこで、この情報に基づき、「他の生徒の前の指導」は最小限にして、別室等であえて時間をおき、興奮が収まってからしかるべき指導をしてみることを提案しました。また、その背景に何か理由があれば、それは直接的に否定せずに聞いてあげること(だからといってキレる行動自体は容認しない)、学校行事などでは、他の生徒とのバランスをとりながらも、(適応的な場面で格好をつけられる)リーダー的役割をはじめから与えてみること、本人の(キレないための)努力と見られるところは、個人内進歩で評価して認めていくこと、たとえ偶然にであっても、H男が落ち着いた時間を過ごしているときに先生方からの(叱る以外の)アクセスを増やすことなども提案しました(別途、母親とのカウンセリングも並行して行いました)。

私のほうは、カウンセリングの機会を通じて、I男本人の目線からの先生方とのかかわりを整理すること、「ムカツクのが悪いのではなく、キレるのが悪い」という考え方を伝え、「上手なキレ方」を一緒にあみだすことを続けました。すなわち、キレる行動は、「不快に感じる出来事」において、不快感情を解消(回避)する機能を有していると考え、別の方法(言葉で不快であることを伝えるなど）で不快を解消することができれば、キレる行動そのものは減ると見立てたことになります。

その後、Ｉ男は、決して従順な生徒になったわけではありませんでしたが、卒業まで「大きなトラブル」を起こすことはありませんでした。

卒業式の日、式が終わり、三年生の別れを惜しむ賑やかさが職員室にも聞こえてきました。すると、Ｉ男が生徒指導主任の先生を探して、急に職員室に飛び込んできました。そして、Ｉ男は目に涙を浮かべ、「俺も悪かった」と先生に抱きついたのです（ついでに？私にも）。先生も大変嬉しそうでした。きっと学校の先生方は、この一瞬が日々の大変な指導の「強化子」なんだろうな…。そんな思いを私も共有できたような気がしました。

7

いわゆる「生徒指導」に認知行動療法を用いる

学校の中の相談職員は「不登校対応」分掌？

一一月に入ると、秋も深まりぐっと寒い日が増え、あれだけ煩わしかった夏の暑さも恋しく感じるくらいです。そんなある日、少し関係資料を整理してみました。

学校の中で活動する相談職員に求められる役割として、例えばスクールカウンセラーの場合には、文部科学省によって、児童生徒への相談・助言、教職員へのコンサルテーション（助言・協議・相談）、教育相談や児童生徒理解に関する研修、相談者への心理的見立て（アセスメント）と対応、保護者や関係機関との連携、コミュニティワーク、ストレスマネジメント等の予防的対応、学校危機対応における心のケア、というように示されています。もちろん実際には、これらをすべて行うわけではなく、校長先生の指示、監督の下で、校内の生徒指導部会や不登校委員会等で申し合わせた活動を行うことになります。自治体によって運用方法はずいぶんと異なるようですが、児童生徒や保護者を対象とした個別のカウンセリング、学校の先生方を対象としたコンサルテーションに加えて、大きな出来事が生じたときのいわゆる「危機介入」や、日常の授業や特別活動に組み込まれた「一次予防」も、相談職員の職務として徐々に浸透してきているようです。

そして、複数の相談職員の配置の仕組みを有している自治体も多く、日常的に子どもたちに接する相談員等と、月に数回来校するスクールカウンセラーとがうまく分業している例（相談員等に対するコンサルテーションも含む）もよく見受けられます。この場合、スクールカウンセラーは、コンサルテーション的かかわりが主となることから、短時間で多くの情報を集約して見立てを行うための相応の力量が問われることになります。

一方で、児童生徒の問題行動は、伝統的に、不登校などに代表される非社会的問題行動（いわゆる「非社」）と、非行などに代表される反社会的問題行動（いわゆる「反社」）に分類して理解される傾向にありました。そして、非社の問題には不登校委員会等を中心に「教育相談的」手法を、反社の問題には生徒指導部会等を中心に「生徒指導的」手法を用いることが基本的枠組みとされてきました。この背景には、非社の問題にはエネルギーレベルの不足や自尊感情の低下など、反社の問題にはエネルギーレベルの過剰や不十分なしつけなどが暗黙のうちに仮定され、前者はじっくりと時間をかけて寄りそうこと、後者は（教師による）指導のし直しをすることが有用であるという、ある意味ステレオタイプともいえる対応が基本とされてきました。したがって、スクールカウンセラーなどの学校の中の相談職員は、（教師だけでは手の回らない）非社の問題の対応をすることが多いようです。

ここで言うまでもありませんが、もともとの生徒指導には、問題行動に「治療的に」取り組む消極的生徒指導だけではなく、すべての子どもたちを対象とした積極的生徒指導（学校への適応促進を目指して、予防的・開発的に取り組むすべての教育活動時に実施される指導）が含まれています。概念としての消極的生徒指導には、先ほどの「教育相談的」手法や「生徒指導的」手法を用いた問題行動の改善が含まれますので、学校現場で主に反社の問題に多用されるいわゆる「生徒指導」という言葉は、もともとの意味に照らし合わせるとかなり狭義に用いられているということになります。もちろん不登校に代表される非社の問題に対して、スクールカウンセラーがその専門性を発揮しながらかかわることが重要であることには変わりはありませんが、学校によっては、反社の児童生徒の問題を「スクールカウンセラーには（資質や能力も踏まえて）依頼しない」と運用上定めているところもあり、若干残念に感じることもあります。

学校の「生徒指導運用ルール」を踏まえる

前節のI男の事例で紹介しましたように、認知行動療法の枠組みでは、ケースフォーミュレーション（事例の定式化された見立て方）の考え方を用いて事例を理解するため、非社と反社の問題行動の理解（不適応的な行動の機能を分析して、同じような機能を持つ別のより適応的な行動に置き換える）が決定的に異なるわけではありません（ただし、反社の支援の実際では「いたずらに興奮させない」などのいくつかの工夫点はもちろん必要です）。私の場合、おそらく男性ということもあり、比較的数多く反社の問題行動の対応にも取り組んできました。

今現在は、スクールカウンセラーなどの相談職員の活用方法のノウハウが次第に浸透してきたこと、非社、反社にかかわらず、その問題行動の背景に発達障害の可能性を考慮することが学校現場でも一般的になってきたことなどがあり、以前ほど「生徒指導的」「教育相談的」と明確に区別することは少なくなってきましたが、直接的にそのような校務分掌を担っていない先生方にも浸透するまでには、もう少し時間が必要なように感じています。

私自身も、ある年にスクールカウンセラーとして勤務していた中学校で、服装違反をしている生徒の対応を生徒指導部会で検討しているときに、「相談室でもたまにはしっかり指導してください」と言われたことがあります。当時のその学校では、反社の問題を有する生徒がやや多く、先生方もその立て直しに懸命な様子がうかがえました。そして、相談室が「たまり場」にならないように、私の勤務日でない日は閉鎖されている状況でした（一般に、相対的に反社の問題が多い学校は、生徒を相談室から遠ざける傾向にありますので、逆にスクールカウンセラーは、相談室の活用のされ方を学校全体の様子を把握する手がかりにしています）。

その生徒指導部会で出ていた意見の背景には、「反社の生徒の話をじっくり聞くことは大切だが、必要以上に寄りそうことはかえって生徒をつけあがらせる」という雰囲気がありました。そして、「生徒を受け止める＝指導をしない」という図式がさまざまな意見の大前提にあるようでした。

臨床心理学を学んできた者にとっては、「ここで（表面的に）服装違反を改善させることには、（その生徒の人生を見据えて）どのような意味があるのか」という観点にとらわれがちになりますが、学校の中という枠組みにおいては、学校への適応（服装違反をやがては改善させる）の目標はしっかりと先生方と共有することが重要な意味を持ちます。すなわち、適応支援上の目標は先生方と同じですが、そこに至らせる方法や手続きが多少異なることもあるということになります。

したがって、特に「生徒指導的」対応が必要な場合に、当該の学校で用いられている「生徒指導運用ルール」を踏まえていることが非常に重要なポイントになります（生徒指導提要を背景として学校で整備されていることも多いと思いますので、相談職員はその理解に努めることが求められます）。例えば、ピアスをして中学校に登校してきてしまった生徒の指導を考える際に、「教室の中に入れてピアスをはずさせる」のか、「はずさせてから教室に入れる」のかというニュアンスの問題です。もちろん学校の中の相談室は、学校全体のルールの「治外法権」ではありませんので、客観的には些細なことのように見える点も、それが学校が大切にしている観点であれば、それを尊重することはある意味の「お作法」であるとも言えます。このお作法を守れなければ、学校の中で先生方と「協働的に活動する」ことは著しく困難になるように感じています。この例で言えば、「ピアスをしていても、〝そのまま〟教室で過ごさせる」ことを優先度の高い対応方法として先生方に提案することはしない、ということになります（学校の文脈ではほぼ機能しない提案です）。

このような服装違反（茶髪、ピアス等を含む）に関しては、伝統的に歪んだ自己顕示や自己主張であると、生徒の心の中を「型」的に解釈してきましたが、現在の子どもたちにはそれらに必ずしも当てはまらないように思える場合も数多くあります。そこで、認知行動療法の枠組みから、環境（ここでは先生方）との相互作用や「機能」を考えた場合には、以下のような支援の方向性も一例として考えられます。

「先生たちも役割だから、あなたがずっとその格好で過ごしていたら、きっと注意されるだろうねぇ……。でも、注意されたことでふてくされるくらいだったら、面白くないし、やめたらどう？その格好を続けるかどうかは自分で決めればいいけど、先生方から注意されたことで、何かに当たったり、勉強をしなかったりするのは〝なし〟だよ……。もちろん先生たちに何か言いたいことがあったら、一緒に言ってあげるよ……」

「生徒指導的」対応に認知行動療法を用いる

そして、このような着眼点の支援を学校の中でより機能させるためには、その着眼点や具体的なやり方を、かかわる先生方と折あるごとに共有しておくことが必要になってきます。ここで、学校にとっての相談室運営（経営）が「相談室＝心のオアシス＝いわゆる〝指導〟はしない」という単純な「型」的図式で理解されている場合には、特に留意が必要です。

一方で、機能しているかどうかという観点で整理すれば、非社であれ反社であれ、児童生徒が「生徒指導的」対応で問題行動の改善が見られれば、それはそれで機能していることになりますので、そのような場合には、相談室や相談職員がかかわることはあまり必要ないかもしれません。しかしながら、「生徒指導的」対応をしてもなかなか問題行動が改善しない（指導が通らない）という場合には、生徒指導部会等との目標の共有を大前提にしながら、機能分析に基づく「教育相談的」対応を採り入れることの有用性が増加する可能性があります。

言い換えれば、相談職員等が「専門性を発揮すること」とは、〝ミニ先生〟となって先生方と「同じかかわり」をすることではなく、むしろ先生方がハードルを高く感じられるところを「補完するようなかかわり」を行うことであるかもしれません。この点は、本書のプロローグの考え方に通じるところがあります。

不登校などの非社の問題は、実際にはケースごとに状態像がさまざまであり、何を改善すればよいのかという支援目標自体をやや慎重に設定せざるを得ないところがあります。一方で反社の問題は、具体的に改善が望まれる不適応行動が比較的明解で共有しやすいことから、むしろ行動科学に基づく認知行動療法を適用しやすいという側面もあります。実際に、法務省が管轄する少年院や刑務所などの矯正施設では、相応のエビデンスに基づいて、部分的、全面的に認知行動療法が導入されています（私も実践しています）。

＊

ある学校の相談室で、少し反社傾向が進んだ生徒と私が相談をしていたとき、普段の様子と比べてあまりにも静かだということで、何を話しているのかと先生方が相談室のドアの前で耳をそばだてていたとあとから聞きました。

それはそれでびっくりしたのですが、目標が同じで手続きが異なることもあるということを理解していただく機会を得たと考えました。その際、北風と太陽のたとえを出したのですが、ある程度理解していただいた上で、「私たちは北風ですか」と笑顔で言われてしまいました。しまった、たとえの使い方が違ったか……。

8
認知行動療法のケース整理の視点

師走の小学生の相談

一二月に入ると、年内に区切りをつけたい事柄が次々と出てきて、否が応でもせわしくなります。そのような折、担当していた地区の小学校から、巡回相談の派遣依頼を受けました。相談対象のA男（プロローグで例として挙げた子です）は小学校四年生の男子で、「授業中に落ち着きがない」とのことでした。

A男は、小学校一年生の秋頃に、二学年上の姉J子とともに父親の転勤の都合で他県から転入してきました。姉のJ子は、勉強や運動、芸術などすべてにおいて万能で、小学校の中でもよく知られた存在でした。A男も決して成績などが悪かったわけではないのですが、よく「J子さんの弟君ね」と声をかけられていたようです。

クラス担任の女性の先生の話では、A男は低学年の頃から決しておとなしくはなかったものの、授業中に立ち歩きをするようになったのは三年生の夏あたりからで、最近になってそれが特に目立つようになったとのことでした。

A男の両親は共働きであったため、担任の先生が連絡帳を使って両親に相談しようとしましたが、一切の応答がありませんでした。ようやくつながった電話で最近のA男の立ち歩きの様子を心配していると伝えると、母親は、「不登校のような大きな問題ではないし、四年生の生意気盛りの頃はそんなものなのではないか。それでも問題だというならば、それは学校の指導の問題なのではないか」と憤慨してしまったとのことでした。

六年生の姉J子のクラス担任の先生からの情報では、毎日ではないものの、J子の連絡帳への母親からの返答はあるとのことでした。そして、J子の個人面談の際には、「何でA男は、J子のようにできないんですかね……。いつも家では強く言っているんですが」と愚痴をこぼし、あまりA男のことには触れてほしくなさそうだったとのことでした。

A男の前の在籍校からの申し送りでは「幼児期に少し言葉の獲得が遅い傾向があった」とありましたが、先生方によると、現在は問題なく流暢に話すことができており、むしろ口数が多いほうであるとのことでした。

A男の担任の先生は、以前にもA男のことで巡回相談派遣を利用しており、その際には、「家族や担任の先生からのA男らしさの〝受け止められ体験〟が不足しているので、A男の良いところを探して自尊心を高めることが必要である」と助言を受けたそうです。そして、学校ではA男の「良いところ」を（無理矢理にでも）探して、ささいなことでもほめるという努力をしてきましたが、立ち歩きなどは改善の気配がみられず、むしろ明らかにエスカレートしているとのことでした。このような状況を踏まえ、担任の先生から、Ａ男に対して現状のままのかかわりを続けてよいのかという内容のご相談をいただきました。

教室でのＡ男の様子

私がこのようなケースに対応する場合は、なるべく対象となる児童生徒の（環境を変えた複数の場面での）直接的な行動観察を行うようにしています（第一章第三節参照）。そこでもう一度日程を調整して、Ａ男の学校内の行動観察を行うことにしました。担任の先生からは、座学授業のときが落ち着かず、国語の時間が特にひどいと感じているとのことでしたので、その時間の前後に小学校に伺うことにしました。休み時間にどの子がＡ男かを教えていただき、そのまま観察を開始しました。

チャイムが鳴ったとき、それを合図に多くの児童が自分の席に戻り始めましたが、Ａ男は他の三名の男子と大声で話をしたままでした。まもなく先生が教壇に立ち、全体に一声かけるとＡ男を除く全員が自席で起立しました。明らかに遅れてＡ男もしぶしぶ自席に戻ろうとする様子が見られ、先生はＡ男が戻るまでしばらく待ってから授業開始の挨拶をし、教材を用意するように全体に指示して授業を始めました。Ａ男もその指示に従う様子が見られましたが、五分も経たないうちに自席から離れ、休み時間に話をしていた男子の一人の席に近寄り、話しかけました（話しかけられた男子は迷惑そうな様子でした）。

担任の先生は、それに気がつき、手にしていた教材をいったん教壇に置いて、Ａ男に近寄り話しかけました。決して強くて注意することはなく、手でA男に触れながら、目を見ながら優しく諭していました。A男もそれには素直に従い、促されるままに自席に戻りました。その間、クラスの大半の児童は黙ってその様子を見ていましたが、何名かの児童は「またかよ」「いい加減にしてよ」と疎ましさを小声で口にしていました。

その後、A男は授業に参加しようとする様子はあったのですが、再び一〇分ともたず、今度は別の男子の脇に離席を始めました。担任の先生は、根気強くA男に先ほどと同じようなかかわりをしていました。その授業時間は同様の繰り返しに終始し、授業全体の時間の半分弱はA男の指導に割かれていました。

授業が終わり休み時間になると、A男は先ほどの男子に声をかけ、自席のまわりに呼んで大声で話をしていました。

担任の先生のA男へのかかわり

行動観察後、担任の先生の話をうかがいました。「A男君があの様子だと日々かなり大変でしょうね……。今日はいつもと比べてどうだったんですか?」と私が尋ねると、

「今日くらいの日は結構あるのですが、どちらかと言えばひどいほうかもしれません」

「なるほど、……ということは、おとなしく着席している時間もあるんですか?」

「んー、しっかり授業を受けているとは言えないのですが、そう言われれば席に座って机に突っ伏しているときもあります」

「そうなんですね。そんなとき先生はA男君にどのようにかかわられているのですか」
「……はい、あのような調子なので、まだ座っていてくれれば他の子にも迷惑がかからないし……、思うように授業を進められない時間も多いので、なるべく授業内容を進めるようにしているんです……」

担任の先生は、葛藤に苦しむ胸の内を明かしてくれました。

私は、「なるほど、先生のお気持ちもよくわかりますよ……。よろしければ、ここでA男君に関する情報を少し整理してみませんか」と提案しました。

認知行動療法においては、ケースフォーミュレーション（事例定式〔公式〕化などと言うこともあります）という枠組みに従ってケースを整理していきます。この枠組みそのものは、いわば「診断（問題）横断的」であり、どのような問題であっても、同じ枠組みに従った理解を試みます。認知行動療法の専門家が用いるケースフォーミュレーションは、非常に複雑なものですが、私は、学校の中でこれを用いる場合には、そのエッセンスを五つの視点から簡便化したやり方をお勧めしています。

学校における認知行動療法のケース整理の視点

その一点目は、この問題について「**困っているのは誰か**」という視点です。もちろん子どもの問題なのですが、誰が問題意識を持っているかによって、支援方法の手順は大きく異なってきます。A男の場合には、保護者はこの時点では問題意識を持っていないようですから、最初から保護者の支援を中心にすえることは難しいと考えます（ゆくゆく扱うことを考えます）。そこでまずは、問題意識を持っている担任の先生のかかわりを中心に支援方法（指導方法の工夫など）を考えていきます。

二点目は「**なぜ問題が生じたのか**（**生起要因**）」という視点です。立ち歩きが始まった原因を整理し、今からでも打てる手があればそれに向けた支援を考えます。A男の場合には、家庭でおもむろに姉と比較するなどの保護者の養育態度の変容などが考えられます。

しかしながら、この点のみにこだわってしまうと往々にしてケースは壁にぶつかってしまうことも少なくありません。そこで認知行動療法では、「**なぜ問題が続いているのか**（**維持要因**）」に着目します。これが整理の三点目であり、実際の支援の際には一般に生起要因よりも維持要因を重視します。このことによって、親の養育態度の変容などのみにこだわらなくても、学校内で打てる手立てが見つかる可能性が高くなります。

具体的には、「立ち歩きをするとA男にとって何か良いことが随伴していないか」を整理していくことになります。第一章第三節でも触れたように、ある行動が続く現象は、正の強化（何かをすると快が出現する）、あるいは負の強化（何かをすると不快が消失する）によって引き起こされていることが多いことから、A男に関する情報や行動観察の結果を踏まえると、「周囲からの注目の獲得」や「学習内容の全体進行の遅延」などが維持要因として考えられました。

ケース整理の視点の四点目は、「**発達障害や精神障害の可能性の考慮**」です。一般に問題がそれらの特徴や症状のあらわれである場合には、働きかけが機能しないことがあるため、その特徴や症状を踏まえた支援方法を用います。A男の場合は、注意欠如・多動症の可能性を否定できませんが、問題の発生時期や行動履歴、現在の行動観察の様子から、あまりそれにとらわれる必要性はないと考えました（一般に学校の中の支援では、診断名にこだわるよりは行動の特徴として理解し、その特徴を踏まえた具体的な支援方法を立案することのほうが有用です）。

五点目のケース整理の視点は、「**当面できることと、長い目でかかわることとを分けて考えていく**」ことです。A男の場合には、当面は担任の先生の工夫によって立ち歩きを改善すること、そして、その改善が維持されるような保護者のかかわりをゆっくり変容すること（A男にとっての環境調整）が考えられました。

A男への支援計画

そして、A男の支援方法として、偶然にでも着席しているときに、なるべく担任の先生の接触を多く持っていただき、着席して授業時間を過ごしたことを積極的に賞賛すること（**良循環の形成**）、そして、逆に立ち歩きをしたときには、明確にルール違反であることのみを伝え、A男を追いかけずにできるだけ受け流すこと（**計画的無視・悪循環の切断**）を意図的に行っていただくことを提案しました。すなわち、A男の周囲からの注目を得たいという特徴を踏まえて、立ち歩きをしても注目が得られない、着席していると注目が得られるという環境を整えれば、わざわざ立ち歩く必要がなくなるのではないかという仮説を立てたことになります。

このような基本的な支援計画をもとにして、より詳細な工夫を行いながら担任の先生に実践を続けていただいたところ、授業進行が妨害されるような過度の立ち歩きは顕著に減少したとのことでした。そこで、最近のA男の「成長ぶり」を母親に伝えてみることにしました。

しばらくして、担任の先生にその後の様子をうかがったところ、母親は、以前は来なかったA男の授業参観などに来るようになり、自らA男の話をするようになったとのことでした。おそらく母親自身も、A男のことでは肩身が狭い思いをしていたのかもしれません。一見逆のようですが、A男の行動を変容させたことは保護者の養育態度を変える近道にもなったようです。

9
不安な気持ちを乗り越える
エクスポージャー

一月に入ると、正月の賑やかさとともに、気持ちも新たに頑張ろうと思わせる雰囲気が整いやすくなります。学校の中では不適応になってしまっている子どもたちの多くも「今年こそは…」と目標を立てることを独自に試みるのですが、残念ながら、なかなか思うように展開しないことも多々あります。そこで、それぞれの適応が高められるような目標の立て方の工夫の援助を行うことが、相談室の中の支援として必要になってきます。

物が捨てられなくなってしまったＫ男

相談室に来ている中学校三年生男子のＫ男も、やはり新年の目標を立てていました。その目標は、「自分の部屋をきれいに片づけたい」でした。他の生徒と比べると少し変わっており、一見ごく単純なものですが、それがなかなか達成できない苦しい状況にありました。相談を始めた当初、相談室にはＫ男の母親が来室していました。Ｋ男が最近学校を休みがちなことで相談に来られたのですが、その理由を確認したところ、「ゴミが気になって、家から出ることを嫌がっている」とのことでした。そこで、これまでの経過を順を追って聞いていくことにしました。

K男はもともとかなり几帳面ではあったのですが、大切にしていたカードゲームの「レアカード」を、たまたまいつもと違うところに置いておいたら、それを誤って誰かが捨ててしまったということがあり、それ以来、「大事なもの」を捨ててしまうのではないかと非常に気にするようになったとのことでした。K男は、母親に「ゴミ箱に入っているのは本当に全部ゴミなのか」と、何度も何度も確認するようになりました。

母親も何とかK男をなだめようとして、そのたびに「ゴミしか入っていないよ」と答えたり、K男が納得しないときには、一緒にゴミ箱をひっくり返して確認したりしてきたとのことでした。しかし、つい先ほど確認したゴミ箱についてもう一度確認してきたり、K男の「大事なもの」が入るはずのないキッチンの生ゴミについても確認をしてきたりするようになりました。さらに、K男が学校などで外出しているときは、「ゴミを捨てるな」と要求するようになってしまい、母親は次第にK男の相手をすることに疲れてしまったとのことでした。

そこで、ある日、母親は毅然とした態度をとり、たまりがちだった家中のゴミを、K男に告げずにすべて捨ててしまいました。するとK男は、家の中でこれまでにないほど大暴れをしたため、母親は、さすがに「おかしい」と思い、病院の小児精神科に連れていったところ、「強迫症」との診断がついたということでした。その際、主治医からは、大人になるにつれておそらく元に戻ると説明を受け、軽めの精神薬を処方していただいたそうです。服薬を始めてからは、K男は少し落ち着いた様子が見られたものの、「ゴミを捨てていないか」と確認する行動そのものはあまり変わらず、母親は、腐らないように紙類だけを入れ、すぐに捨てなくてもよいダミーの「ゴミ袋」をたくさんつくってK男を安心させているとのことでした。

K男の行動の理解と対応

私は、K男の母親の話をうかがい、当初はためこみ症（ホーディング症）の可能性を考えました。しかし、K男がゴミに「大事なもの」が入っていないことを確認した「直後」には、ゴミを捨てることができることなどから、K男の行動は確認強迫の症状の可能性が高いと考えました。

認知行動療法の枠組みでは、K男の強迫的に繰り返される確認行動は、ゴミ箱を見ると（A：先行事象）、「大事なもの」を捨ててしまうのではないかと考えて（強迫観念）不安が高まるため、実際にどうなのかという確認をすること（B：行動（強迫行為））によって、不安を一時的に減少させている（C：結果事象）と理解します。すなわち、「確認する」と不快が消失するという「負の強化」によって、確認行動が続いているととらえることになります。

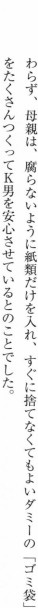

私は、K男や家族が経験した複数のエピソードを詳細に検討することによって、そのように理解することが妥当であるかどうかをチェックしていきました。そして、おおむねそれをクリアできたため、母親を通じて主治医の許可をとり、校長先生の了解を得た上で「曝露反応妨害法」を用いることにしました。

曝露反応妨害法は、大きくエクスポージャー（曝露）法と反応妨害法の組み合わせ技法のことであり、特に前者のエクスポージャー法は、その手続きが独特なこともあって（一見するとショック療法的)、認知行動療法に位置づけられるテクニックの中では最もよく知られた方法の一つです。その原理は、不安を喚起する刺激を積極的に回避せずとも、むしろうまく曝されることによって、不安は時間経過とともに自然に減っていくというものです。強迫症は、多くの場合、自然な減弱を待つことができず、「強迫行為」によって不安を積極的に減らそうとし、さらにそれが実際にある程度の短期的な効果をもつために、なかなか「強迫行為」をやめることができなくなってしまっていると理解します。そこで、強迫行為を行わなくても、時間が経てば不安が減っていくことを再学習させるために、強迫行為を行わせないように工夫すること(反応妨害をすること、K男の場合は確認をさせないこと)になります。この際に、特に子どもが対象の場合には、身近な家族の理解と協力を得ること(積極的に確認の手助けをしないことなど)が重要です。K男の場合も、母親がK男を少しでも落ち着かせようとして、確認につきあってあげていることが、「結果として」症状を持続させる要因になってしまっている可能性が懸念されました。

K男とのかかわり

K男は、その時点では学校を欠席しがちでしたが、断続登校はしていたため、担任の先生から「相談室のカウンセラーの先生は、なかなかゴミが捨てられない気持ちや考え方の治し方を知っているらしいよ」と、K男に来談を促していただきました。

その後、実際に来談したK男は、意外にも自らの心情の変化をきちんと言語化することができていました。そこで、強迫症状が維持する仕組みに関する心理教育を行い、K男の目標の「自分の部屋をきれいに片づける」ことを達成するために、ゴミに「大事なもの」が入っていないかを確認したい気持ちや考え方は乗り越える（うまくつきあう）必要があるということを理解させました。その際、そのような気持ちを引き起こす悪者に「捨てるす君」という名前をつけて（外在化：子どもの強迫症の治療ではよく用いられます）、「捨てるす君」に振り回されないための方法を一緒に考えていこうとK男に促しました。この名前は、実際には目に見えないK男の「認知」であることから、「ステルス（隠密の意）」とかけています。

K男は、今の状態は自分でもやっぱりおかしい気がするので「ぜひやってみたい」という反応が返ってきました（並行して、母親との面接は継続しました）。

学校では、K男に強迫症状とのつきあい方を体験的に理解させるために、「捨てるす君」のパワーには制限時間があって、時間経過とともに必ず弱くなっていくこと、途中で（不安が十分に下がる前に）「確認」をしたり、「戦い」自体をやめてしまったりすると「捨てるす君」の思うつぼで、かえって相手のパワーが増大してしまうことなどを、相談室のゴミ箱を用いて具体的に理解させました。また、不安階層表と呼ばれる「不安な気持ちになる具体的場面」をいくつか取り上げたリストをつくり、少しずつそれらの場面で「捨てるす君」との戦いにチャレンジすることとしました（例えば、「ゴミ箱に背を向けて時間を過ごす」は不安度100のうち20、「一度ゴミ箱の中を確認したあと相談室から出てトイレに行き、相談室に戻ったあとは『捨てるす君』と時間をかけて戦う」などは不安度50など）。そのような練習を何回か行うと、K男はそのまま確認しないでいられることが多くなりました。

そこで、「相談室で練習したことを家でも練習できるように、お母さんに協力してくれるように頼んでみてもいい？」とK男に提案してみたところ、「いいけど、家ではうまくいかない気がする」と答えました。「何で？」と尋ねると「お母さんとかが『捨てるす』との戦いの邪魔をしてきそうだから」と言いました。「そうだね、その可能性もあるかもね。それが心配だったら、K男君が頑張って取り組んでいることを、お母さんにもわかりやすく説明しておくよ」と言うと、K男は「じゃあ、それはお願いします」と、私にしっかり頭を下げました。

K男の家での「戦い」の様子は、K男自身の報告と母親の記録によって、相談室の中で定期的に確認をしました。そのような中、「登校した日に家のゴミがどうなっているかが気になって、どうしても勉強に集中できない」という報告があったため、校長先生の許可をとり、昼休みに一回だけ自宅に電話をしてもよい（受けるのは母親）という戦いのルールをつくりました。このルールは数日間実際に用いたようでしたが、その次の相談日に、K男は「電話をすることは結局『捨てるす』に負けている気がするので、電話はしない」と自ら決めたそうです。しかし、「電話をしなかった日の午後はそれまで以上にまったく授業に身が入らなかった」と報告してきました。そこで私は、「結果はうまくいかなかったみたいだけど、『捨てるす君』との戦い方を自分で工夫してみたことはすごくよかったと思うよ」と伝えました。K男は何も言いませんでしたが、まんざらでもない様子でした。するとその次の相談日には、「ゴミ袋が透明か半透明かでも気持ちが違う気がしたので、戦い方を工夫してみた」という報告をしてきました。そして、K男は実際に「捨てるす君」に振り回されることなく、〝適切に確認する〟ことができるようになりました。その効果を高めたのは、K男が自ら工夫し、さまざまな試みを行ったことであると考えられます。

現状からの変化を促す工夫の試みを強化する

一見すると現状に甘んじているように見える不適応の子どもたちの中には、現状からの何らかの変化を求めている子もかなりの割合でいます。不適応の子どもたちの相談に携わったことがある方なら、その実現の可能性は別にしても、声優やアニメーターなどの仕事に対する潜在的人気が高いことにすぐに気づくはずです。もちろんそのような職業を目指して、今現在の足元の具体的な目標につなげることができれば一番よいのかもしれません。しかし、そのような現実的な（客観的な）変化に至らないまでも、適応的な方向に認知の変化を促すチャンスとして活用することは可能です。すなわち、「（適応的な）選択をしたこと（結果）」ではなく、「何かを変えようと試みたこと（プロセス）」を積極的に強化していくことが肝要です。これによって、随伴性（どのようなときに、何をすれば、どのような結果が得られるのか）の感受性が向上することが期待できます。そして、この感受性が高まることによって、自分にとっての快事象に至る行動レパートリーが増加し、不適応的な状態から立ち直る可能性を大きく増やすことができると考えられます。

K男の場合、「自分の部屋をきれいに片づけたい」という新年の目標は達成できなかったことになるのかもしれません。しかしながら、「『捨てるす君』との戦いに勝つ（殲滅ではなく、友好条約を結んだこと）」という新たに立て直した目標は達成できたと判断できることは言うまでもありません。

10 子どもの認知の変容を試みる

冬の相談室での出来事

二月に入ると寒さがぐっと強まり、春の暖かい日の到来が待ち遠しくなります。その年にスクールカウンセラーとして勤務していた中学校の相談室は、旧式のエアコンがありましたが、日光が入りにくい位置にあり、冬場は一般の教室よりもだいぶ寒く感じられました。最近になって相談室に通い始めた二年生女子のL子も「相談室は寒い」と言って、通学用のコートを着たまま教科学習の自習をしていました。

先生方に聞いたところによると、L子は活発で成績優秀な生徒でしたが、一二月頃に同じクラスの女子たちから「仲間はずれ」にされてしまい、教室に行くのを嫌がるようになったとのことでした。そこで、保護者と学校が話し合い、不登校生徒になってしまうのは親子ともども嫌だということで、しばらく相談室で自習を行いながら様子を見ることになったようです。

相談室の中には、個別相談を行う小部屋の脇に四組の机と椅子が置いてあり、L子はその一つを使って壁に向かって座っていました。L子は、自習にはきちんと取り組んでいたようでしたが、相談室の人の出入りがあるたびに、ドアのほうをしきりと気にするなど、ずいぶんと居心地が悪そうな様子を見せていました。

ある比較的暖かい日も、L子はいつものようにコートを着たまま自習をしていました。少し顔が紅潮しているように見えたため、私が「L子さん、コート着たままで暑くないの？」と尋ねたところ、「大丈夫です」と言って、かえって身体をすくめてしまいました。

よく観察してみると、通学バッグも椅子のすぐ脇に不自然な近さで置かれており、いつでも相談室から出ていけるように準備しているようにも見えました。相談室には、少し遅い時刻に登校してくる生徒が他に二名いたのですが、L子に促しても、それらの生徒とはまったくコミュニケーションをとることはありませんでした。

しばらくして、相談室登校をしていた生徒のクラス担任の男性の先生が相談室に入ってきました。先生は、担任の生徒と一通りの話をしたあと、L子の存在に気づき、「あれL子じゃない。どうしたの？」と声をかけました。L子はだいぶ戸惑いながらも、「いろいろあって、相談室で自習しています」と答えました。「今まで気づかなかったんだけど、毎日相談室に登校しているの？」と先生が聞くと、L子は「相談室に登校しているんじゃなくて、事情があって教室に行けないので、ここで自習しているだけです」と答えました。先生は「そうなんだ、頑張ってな」とだけ声をかけ、相談室を出ていきました。

私が「L子さん、○○先生と親しいの？」と声をかけると、「去年の担任。でもそんなに親しいわけではなかったけど」と答えました。

「L子さんが相談室で自習してるのを知らなかったみたいね」

「私は一時的だから。(小声で)でも不登校の子って、先生たちみんなから、哀れみみたいな変な目で見られるからかわいそうだね」

「哀れみか…。何かちょっと違うような気もするけど、そんなもんなのかなぁ…」

「だって、先生たちがみんなすごくやさしく接するし」

「へえ、L子さんからはそんなふうに見えるんだね…。ということは、L子さんもみんなからやさしく接してもらいたいとか?」

「んー、やっぱり少しはね。私もいろいろあったから…」

「そうなんだ。いろいろねぇ…。よかったら、中(の小部屋)で聞かせてよ(チャンスがあればL子と相談してよいことは学校から事前に了解を得ていました)」

「いいけど…。プリントが途中だから終わってからでいいですか。そのあとは休み時間まで少しヒマになるから」

「もちろん。終わってからでいいよ」

L子とのかかわり

L子は一五分ほどプリントで自習を続け、「終わりました」と私に声をかけてきました。「ちゃんとやるべきことをやっているのはすごいねぇ。じゃあ、中にどうぞ」と促すと、自然な様子で自ら着席しました。

「今までＬ子さんのことあんまり聞いたことなかったんだけど、教室で〝いろいろ〟あったの？」

「そう、私以外の女子全員がみんなでグループになっちゃって…」

「〝みんなで〟なんだね。それって仲間はずしのいじめとか？」

「いじめなのかどうかはわかんないんだけど、みんなの目とかが冷たくなっちゃって…」

「目が冷たいのかぁ…。嫌なことされたり言われたりとかは？」

「口で言われるわけじゃないんだけど、なんかみんなに避けられてて」

その後、Ｌ子は、最近の女子のクラスメートとの関係性の変化のことを詳細に話してくれました。その中には、小学校の頃から仲のよかったＭ子も含まれていました。

「Ｍ子さんとの最近の出来事って、どんなことがあったの？」

「この間、朝、久しぶりに通学路で一緒になって、話しながら歩いていたんですけど、遠くから（同じクラスの）Ｎ子に声をかけられたら、『じゃあ行くね』って、Ｍ子はＮ子のほうに行っちゃったんです」

「そんなことがあったんだ。なんだか嫌な感じだね」

「そうなんです」

「でもＮ子さんはまだしも、Ｍ子さんは本当にＬ子さんのことを避けたのかな？」

「だって、話してた途中で行っちゃったし」

「そのとき、『じゃあ行くね』って言ったんだよね」

「言ったけど…」

「…これって何かつきつめて考えると、M子さん本人以外、〝本当のこと〟ってわからないのかなぁ…。なんかモヤモヤするから、また来週少しお話ししようよ」

少し考え込んでいたように見えたL子はそれに頷きました。

「認知の歪み」の変容の試み

私はL子と話をしていて、「女子全員が同じグループ」など、ところどころ極端にとらえすぎるところがあるなと感じていました。小学校の頃からの友人だったM子とのエピソードに関しても、L子のようなとらえ方もできる一方で、「M子とN子のほうに先約があった」など、別のとらえ方もできそうです。

認知行動療法のとらえ方の枠組みでは、このような「認知の歪み（とらえ方の偏り）」はある意味、誰もが持っているものですが、その「認知の歪み（型）」が不適応状態に（直接的に）影響を及ぼしている（機能）という見立てができたときに、その変容が適応促進のための具体的な支援方法（手段）の一つになります。L子の場合は、このような見立てができそうなことと、本人の内省能力や言語化能力のある程度の高さがうかがわれたことから、「認知再構成法（認知的再体制化）」を用いてみることにしました。

一方で、L子が所属するクラスでは、担任の先生が臨時の「学級会」を開き、いじめ問題へのエスカレートの予防という意味合いで、教室に来られなくなったL子とのこれまでのかかわり方の振り返りをクラス全員で行ったとのことでした。

図７　３つのコラム（Ｌ子の例）

出来事	認知（考え方）	結果（気持ち）
Ｍ子さんが話の途中でＮ子さんのところに行ってしまった	私を避けた	悲しくなった とっても
例えば →	Ｎ子さんと先に話したいことがあった	悲しい

次週、Ｌ子が自分の自習課題を終えたあと、小部屋で話の続きを始めました。

「先週のモヤモヤする出来事の続きなんだけど、その後考えてみたりした？」と尋ねると「考えたけど、やっぱりＭ子のほうが避けたんだと思います」とＬ子は答えました。

そこで私が、

「そうだよね。Ｌ子さんにとってはそう思えたから、悲しい気持ちになったんだよね。ちょっと丁寧に言うと、〝Ｍ子さんが話の途中でＮ子さんのところに行ってしまった〟ことを、Ｌ子さんが〝私を避けた〟ととらえたら〝悲しくなった〟ってことだよね」

と、ノートに三つの「コラム」に分けて書きながら確認すると、Ｌ子は「そうです。とっても」と頷きました。

子どもに認知再構成法を用いる際は、まずは経験した事象を「出来事」「認知（考え方）」「結果（気持ち）」の三つの要素に分けて理解させることから始めます（慣れないと、成人でも「どんなことがあったんですか」と出来事を尋ねても、「嫌なことがあった」と結果（気持ち）とまぜて答えてしまいがちです）。そして、もともと持っている認知を否定するのではなく、とらえ方の選択肢を増やすように働きかけていきます。

「確かにＭ子さんはＬ子さんを避けたのかもしれないけど、もしかしたらＭ子さんはＮ子さんと先に話したいことがあっただけなのかもしれないよね。…でも、先週も話したけど、結局は〝本当のこと〟ってわからないんだけどね……」

私はL子の理解の程度を推し量りながら、話を続けました。三つのコラムを指し示しながら、

「〝M子さんが話の途中でN子さんのところに行ってしまった〟ことは本当のことだと思うんだけど、〝私を避けた〟と考えたら、〝とっても悲しくなった〟んだよね。あくまでも例えばなんだけど、これを〝N子さんと先に話したいことがあった〟と考えたら、気持ちはどうなるかな?」と尋ねました。

「悲しいは変わらないけど、〝とっても〟ではないかも」

「どうして?」

「避けたんじゃなかったら、またあとで話せるから」

「なるほどねぇ。じゃあ出来事そのものは事実だから変えられないけど、いつも使っている〝考え方〟でつらい気持ちになったら、今みたいな別の〝考え方〟を使えばつらい気持ちは少し和らぐのかもね」

「なんだかわかる気もするんですけど、あんまりそんなふうに考えたことがなかったから、ちょっと難しいです」とL子は少しはにかんだ様子を見せました。

その後、いくつかの別のエピソードを使い、「例えばこう考えたら」をいくつも想像しながら、別の「考え方」の練習を続けると、L子は「別の考え方の例」を自分自身であげられるようになりました。

L子の教室復帰

そして、L子は次のように話を続けました。

「二年になったくらいから、友達に（あまり気乗りしないことを）どこまで合わせればいいのかがわからなくなっちゃって。友達にあまり合わせなかったら、にらんだり、悪口言う子がいて…」

「そうだったんだ。…ということは、嫌な感じがする子って、クラスの女子全員じゃなくて、数人ってことだったんだね？」

「よく考えてみたらそうですね」

「〝教室で〟〝みんなから嫌なことをされたら〟〝すごく悲しい〟のだから、〝数人の人から嫌なことをされたら〟？」

「なんだ、さっきのと同じだ。数人からって考えたら、つらさはだいぶ減るかも……。しかも、M子だって私に直接嫌なことを言ったりしたりしてきたわけじゃないし、やっぱりみんなに適当に合わせてただけで〝味方〟かも……」

「そうか……。〝本当のこと〟がわからないときの〝嫌われているから〟という思い込みが強すぎたのかもね…。その考え方を〝使いすぎる〟とますますつらくなっちゃうみたいだし」

L子はそれにゆっくりと頷きました。

L子はその後、〝嫌な感じ〟のする数人の女子とグループワークをする機会がほとんどない教科では、教室で授業を受けることになりました（もちろん担任の先生のクラスへの働きかけの効果もありました)。そして、L子の相談室での〝自習〟は、授業がどのような展開になるのかの予想がつかないときのみになりました。その際には、あれだけ脱ぐのを嫌がったコートも脱いで、通学バッグもきちんと机に掛けてありました。

私は、L子が教室に完全復帰する日も近いなと感じました。

しかしこの学校の相談室は寒いな…。また一人いなくなるからなおさらかな…。

11

問題解決訓練で「答えの出し方」を教える

高校受験期のO子の出来事

三月に入ってもまだまだ寒い日が続きますが、暦も一年間の区切りまでもう一息のところまでやってきました。この時期の学校は、卒業式や卒業生を送る会などの年度末の行事の準備が進められ、否が応でも慌ただしく感じるようになります。そのような中、自身も卒業を間近に控えたO子は、ある中学校の相談室で一人読書をしていました。その時間は、卒業式で卒業生が披露する合唱の練習をすることになっていましたが、O子はそれに参加することはありませんでした。

O子は、クラスメートのP子との折り合いが悪くなり、正月明け頃から時折、相談室に訪れるようになった生徒でした。先生方からの情報によると、O子とP子は家が近所であったことから、小学生の頃は比較的仲がよかったようです。しかし、先の一二月にクラスで行われた高校受験に向けた進路指導の際に、担任の先生が持っていた生徒別の志望校の資料をO子が偶然見てしまったことが事の発端となりました（当該の中学校では、どの生徒がどこの高校を受験するのかという情報は、公にはふせられていました）。そして、他の生徒の中にも、保護者同士の会話から聞いた情報として、多くの生徒の志望校を口外した者がおり、結果的に、O子の第二志望（いわゆる滑り止め校）の高校と、P子の第一志望の高校が、同じであることがお互いにわかってしまいました。

そしてO子が、P子とは別のあるクラスメートに「第一志望の高校に絶対に合格したい。第二志望の高校には行きたくない」と話したことが、噂として伝わっていくうちに、「O子がP子と同じ高校には絶対に行きたくないと言っているらしい」と内容が変化して、それがそのままP子本人に伝わってしまいました。それを聞いたP子がものすごく怒っていると周囲のクラスメートから聞かされたO子は、「そんなことは絶対に言っていない、誤解である」と直接P子に説明しようと話しかけましたが、「言った」「言ってない」と水掛け論になってしまったとのことでした。

P子にはもともと気の強い側面があったこともあり、激しい言い争いの末に、O子は泣きながら軽い過呼吸発作状態になってしまい、他のクラスメートにつき添われて保健室に連れられてきました。養護の先生がO子の救急処置をしながら話を聞くうちに、O子はだいぶ落ち着きを取り戻しました。そこまでの背景事情を知った養護の先生の勧めもあり、O子は保健室で休息した後、そのまま相談室にやってきました。

相談室のドアのノック音がした後、「嶋田先生、今、ちょっとよろしいですか？」と、私は養護の先生に声をかけられました。

「三年〇組のO子なんですけど、少し話を聞いてもらえませんか？」「もちろんいいですよ。今授業時間中ですけど、大丈夫ですか？」と私が尋ねると、先生は「たぶん、Ｏ子は今日はもう教室に戻れないと思いますんで、担任にも連絡しておきます。後で荷物も持ってきますね」と答えました。

その後、養護の先生は、Ｏ子に「自分で話せる？」と尋ね、Ｏ子がそれにうなずいたことを確認すると、「ではお願いしますね」と保健室に戻っていきました。

Ｏ子の言い分

「何かショックなことがあったのかな？」と私が尋ねると、Ｏ子は「ショックっていうか、Ｐ子がムカつく」と、まだ怒りが収まっていないかのように言い放ちました。

「そうなんだ。Ｐ子さんていう子がムカつくんだね……。よっぽどのことがあったのかな」と声をかけると、「そうです」とＯ子は答え、おおよその経過を順を追って話してくれました。

一通りＯ子の言い分を整理しながら聞いた後、「Ｏ子さんにしてみたらまったくの誤解なのに、Ｐ子さんがそれを信じずに、イヤなことを言ってきたってことなんだね？」と確認したところ、「そうです。Ｐ子と同じ高校が嫌だなんて本当にひと言も言ってないです」とＯ子は強く言いました。

「うん、わかった。Ｏ子さんがはっきりそう言うんだったら、きっとそれが正しいんだと思うよ」

「……もうＰ子とは同じクラスでやっていけないです」

「……そう感じるくらいに本当にムカついたんだね」

その日は私はO子の言い分を聞くことに徹し、次回に続きの話を聞く予約をしてO子を下校させました。

次の相談時までに、担任の先生とO子の保護者が話し合ったとのことで、P子のことでまた調子が悪くなったら、相談室等の別室で自習をしてもよいということが決まっていました（受験を控えた大事な時期であることを考慮したそうです）。

O子にとって、この枠組みは結果的にずいぶん助けになったようで、週に一時間から二時間くらいの別室利用にとどまりながら、教室での居心地の悪さをうまくしのいでいたようです。そこで、私のほうは短時間の相談（主に最近の様子の確認）を続けましたが、やがて相談室にも顔を見せる必要がなくなってきたようでした。

そして、高校入試の日を迎え、結果的にO子もP子も第一志望の高校に合格し、別々の高校に進学することになりました。これには、周囲の関係者も本当に安堵しました。

しかし、その後もO子とP子の関係性は改善せず、お互いにわだかまりが残った状況が続いていたようです。しかもP子は、事あるごとに、周囲からもすぐにわかるくらいにO子にきつく当たるようになったようで、O子は「P子の機嫌が悪いとまた何か言ってくるんじゃないかと考えてしまって、教室にいられない」と話し、学校をときどき休むようになってしまいました（出席日数や受験勉強の義務感がなくなったことも大きく影響したようです）。

Ｏ子の問題解決

学校の欠席が八日間くらいになったとき、Ｏ子の担任の先生を通じて、Ｏ子から相談の申し込みがありました。どうやらＯ子は学校を休んでいる間にいろいろと考え、卒業式が近くなってＰ子との関係が本当にこのまま終わってしまってよいのかが気になっているということを母親に伝えたようです。そして、私とまた話がしたいと言っているとのことでした。

Ｏ子は、相談予約した日時にきちんと登校してきました。学校を休んでいる間に考えたことについて尋ねると、Ｐ子とは違う高校に進学することになり、もう少ししたら教室で顔を合わせる必要はなくなるけれど、それでもやはり仲直りしたほうがよいのか、このまま何も口をきかずに卒業したほうがよいのかを迷っているとのことでした。Ｏ子は「先生、どうしたらいいですか？」と私に解決策を求めてきました。

「確かにどうしたらいいだろね……。お母さんは何と言っているの？」

「一生付き合う人じゃないんだし、学校に行けないのはＰ子のせいなんだから、わざわざ仲直りしなくてもいいんじゃないかって……」

「そうなんだ……。（担任の）〇〇先生にも聞いてみた？」

「聞いてみたけど、同じクラスの仲間なんだから、お互い気持ちよく卒業したらどうかって……」

「そうか、ますます困っちゃうね……。やっぱりどうしたらよいかはＯ子さんの考えに沿うのが一番大切なんじゃないかな」

「……」

「だから一番いい〝答え〟がどれかはたぶん自分で決めるしかないんだけど、自分なりの〝よりよい答えの出し方〟はアドバイスができるかも」

「じゃあそれを教えてください」

「わかった。じゃあ、最初はいいか悪いか、できるかできないかは考えないで、どういう〝卒業式の迎え方〟があるかを考えて、この紙に書き出してみようか」

「このまま何もしないで卒業するっていうのと、仲直りして卒業するってこととか？」

「そうそう、それ以外には？」

「えっ、まだありますか？」

「例えば、口はきかないけど卒業式の日に気持ちを書いた手紙を渡すとかは？」

「あ、そうか、そういうのもあるんだ……。（担任の）○○先生に伝えてもらうとかも？」

「そうそう、そんな感じ……。P子さんと徹底的に決着をつけるとかなんかは？」

「それはないなぁ、P子は絶対引き下がらないし……」

「そうか、でも一つの選択肢としてちょっと書いておいてみようか」

O子と私はこのようなやりとりを続け、結果的に九通りの〝卒業式の迎え方〟を案出しました。

「この後はどうするんですか」

「そうだね、それぞれの〝卒業式の迎え方〟のいい面と悪い面をじっくり考えてみようか……。まず、〝このまま何もしないで卒業する〟のいい面は？」

図8　問題解決の方法とその評価(O子の場合)

〝卒業式の迎え方〟

○このまま何もしないで卒業する
- いい面
  - ・これ以上ケンカにならない
- 悪い面
  - ・モヤモヤが残る
  - ・また会っちゃったら気まずい
- ☆どのくらいできそうか　→　○

○仲直りして卒業する
- いい面
  - ・スッキリして卒業できる
- 悪い面
  - ・少しガマンしなきゃいけない
  - ・本当の本当には仲直りできないかも
- ☆どのくらいできそうか　→　△

○話はしないで手紙を渡す

⋮

「P子とこれ以上ケンカにならない」

「確かに。悪い面は?」

「なんだかモヤモヤが残るかな。家も近所だから、また会っちゃうことがあるかもしれないし」

「そうだねぇ。じゃあ、〝仲直りして卒業する〟の場合は?」

「いいことはスッキリして卒業できるで、悪いことは……、私が少しガマンしなきゃいけないくらいで、あんまりないかな。でも、本当の本当には仲直りできないかも」

「今はそういう気持ちなんだね……。じゃあ、ほかのはどうかなぁ?」

O子と私は、九通りの〝卒業式の迎え方〟のすべてについて、「メリット」と「デメリット」、そして「実現可能性」の側面からそれぞれ検討して紙に書き出していきました。なお、紙に書

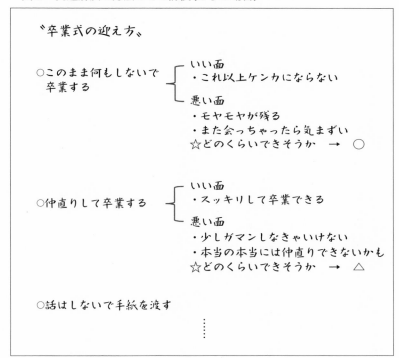

き出す際には、子どもにわかりやすい表現にするために、メリットは「いい面」、デメリットは「悪い面」、実現可能性は「どのくらいできそうか」と表現しています。

少し簡略化していますが、認知行動療法では、このような働きかけ方を「問題解決訓練」と呼んでいます。この訓練の最大の特徴は、カウンセラー側が「問題解決の具体的方法」そのものを積極的に提案するわけではなく、クライエント（生徒）側に「問題解決の具体的方法を案出し選択するやり方」を身につけさせると考えるところにあります。すなわち、具体的な問題解決のプロセスを体験することを通して、その「答え」自体を教えるのではなく、「答えの出し方」を教えていくことになります。これによって、直面している問題のみならず、別の問題に対しても応用が利くようになる（般化する、メタ認知が育成される）ことが期待できます。

O子の結論？

「今日のカウンセリングは、何だかクイズに答えてるみたい」

一通り終わった後、O子はそんな感想をもらしました。

「〝卒業式の迎え方〟って、一つにしないとダメなんですか？」

「いや、そんなことないよ。一番いいかなって思う方法がもしうまくいかなくても、二番目のとか、三番目のとかを選べる可能性が残るから」

「へえ、なんかすごいなぁ。お母さんも、○○先生も初めから一つに決めつけてたから」

「うーん、決めつけてたかもしれないし、もしかしたらそうじゃないかも。人によって大切にしたい〝いい面〟は違うからね。お母さんはＯ子さんの負担にならないことを大切にしたかったのかもしれないし、〇〇先生はクラス全員が気持ちよく卒業することを大切にしたかったのかもしれないよ」

「……そうかぁ。だったら私は何を大切にしたいんだろう？」

「そうだね……。これを見るとわりと自分が納得いくってことを大切にしてるのかなぁ」

「それってワガママってこと？」

「ううん、決してそうじゃない。自分の芯がしっかりしてるってことかもよ」

「へえ、何かかっこいい」

「だから〝自分の芯〟を大切にしたい今のＯ子さんに、あえてまわりと合わせるとかっていう〝二番目のやり方〟なんかも意識的に使っていったら、高校生活はきっと楽しいはずだよ」

「……なんか早く高校に行ってみたいなぁ……」

Ｏ子が最終的に選んだ〝卒業式の迎え方〟は、卒業式の日まではなるべくＰ子と顔を合わさないように過ごし、式が終わったら、「いろいろあったけど、高校、お互いに頑張ろうね」とだけＰ子に告げることでした。それが精一杯のＯ子の結論でした。この選択を〝自分で導き出したこと〟がやがてＯ子の糧になってほしい、私はそう願わずにいられませんでした。

12
児童生徒の理解にモニタリング記録を活用する

児童生徒の（不適応）行動の理解

認知行動療法の枠組みにおいては、児童生徒が問題行動を呈していても、その子ども個人の意志の弱さや性格の欠点、家族関係、親子関係のあり方などのせい「だけ」に帰着することは避けます。そして、その子どもがどのような経験をしてきたのかに着目し、個々の行動や認知がどのように学習されたのか（身につけてきたのか、維持されているのか）を考えることによって、それらの行動（認知を含む）は変容可能であると考えます。したがって、児童生徒にある問題行動が生じた（繰り返した）際に、その子どもの生い立ちに問題があった、反省がまだ不十分である、性格面に弱いところがあったなどと理解するのではなく、三項随伴性の枠組みに従って、以下のA→B→Cの流れとしてとらえます。

Ａ（先行事象）：問題行動が生じやすい（外的・内的な）きっかけがあった
Ｂ（行動）：問題行動（認知を含む）を学習してきた（誤学習）、あるいは適切な行動を学習してこなかった（未学習）
Ｃ（結果事象）：問題行動の生起後に望ましい環境の変化（快の出現または不快の消失）があった

そこで、スクールカウンセラーなどの心理専門職として、この枠組みを実際の子どもに当てはめて理解しようとする際には、直接的な行動観察の情報に加え、当該の子どもの日々の様子をよく知っている先生方（あるいは保護者）からいただく情報が非常に重要な意味を持ちます。先生方からの子どもに関する情報は、口頭のみでうかがうこともありますが、子どもの様子を何らかの記録に残している場合には、それをもとに情報をうかがうことも多くあります。

Ｑ男の様子の記録

次の記録は、小学校六年生の男子児童Ｑ男の様子に関する担任の先生のメモ（記録）の例（一月二三日〔水〕二校時）です。

・Ｑ男は、算数の時間に気に入らないことがあったので、急にイスを振り上げた。私は、その思いを受け止めてあげた。

私は、このメモをいただいて、当初は〝相当に手強い〟小学生と、それをコントロールすることに相当なエネルギーを費やしている担任の先生の様子を想像しました。ところが、少し丁寧にQ男の様子をうかがっていくと、次のような内容が実際の様子に近いことがわかってきました。

・算数の時間、（Q男にとっては苦手な）計算ドリルをやるように指示すると、Q男が急にイスを振り上げて頭上に構えた。（私は、Q男はその指示が気に入らなかったのだと感じた。）危ないので、いつもよりも強い口調でそれをやめるように指示すると、イスをその場にすぐに降ろした。その後Q男は、そのイスに座り、二校時中ボーッと過ごしていた。私は、その姿を目の端に置き、心情を察しながら授業を進めた。

この内容を見ると、単に情報量が多いというわけではなく、Q男がどのような刺激（S）に対して、どのように反応（R）をしたのかが具体的にわかります。問題行動の「型」ではなく「機能」を重視する認知行動療法にとっては、情報量がそれほど多くないシンプルな記述であったとしても、最も核となる「ABC分析」の材料となる情報は非常に有用です。そして、認知行動療法の枠組みからコンサルテーションを行う際には、これが最も重要な手続きの一つになります。

最初の記録をもう少し注意深く見てみると、「気に入らないことがあった」という記述に関しても、実際には、Q男が何かに対して（刺激：S）、嫌悪的に反応した（反応：R）様子を見て、「Q男は気に入らないんだな」と先生が「解釈」したはずです。これは、「Q男君はどのようなときにきちんと課題に取り組んでいますか？」と尋ねたときに、「自分が気に入っている課題ですかね…」という答えをいただいた場合にも、同じようにＳ（何らかの課題に対して）とＲ（長い時間取り組んだ）の関係からとらえ直す（その様子から気に入っている課題であると解釈した）ことができます。このように循環論的なとらえ方から脱却することができるだけでも、より客観的に子どもの様子を理解することが可能になります（「認知の歪み」の変容を試みる「コラム法」〔第一章第一〇節〕を用いる場合にも、「出来事」に「イヤなことがあった」などと「解釈」を含んだ表現を記入することがしばしば起こるため、留意が必要です）。

児童生徒への日々の指導を記録してみる

認知行動療法では、抱えている症状や問題行動の様相を適切に把握するために、セルフモニタリング法をしばしば用います。特定の様式はありませんが、その多くは簡便なワークシート形式で、いつ、どのような問題が、どの程度生じたのかを記録していきます。これによって、支援対象者が抱える問題に関して、その主観的な体験の共感的理解に努めると同時に、何がどのように問題となっているのかを、ある程度客観的に（対象者の認知と区別して）把握することができます。同時に、支援対象者にとっても、自分の状態に関して、自身で俯瞰的に理解することができるようになることが期待できます。代表的な適用例としては、特定の場面と不安の強さの程度との関係、認知の内容と気分との関係、特定の場面とソーシャルスキルの遂行の程度との関係、出来事と食事量との関係などがあり、対象者が抱えている問題に応じて、その中核的な症状や問題行動に関する情報の記録をしていきます。

このような、セルフモニタリング法は、非常にシンプルな方法であることに加え、汎用性が高く、自らの実際のデータを積み重ねて理解するため、支援対象者本人にとっても（他人からの助言よりも）説得力のある材料になることが多いようです。

このセルフモニタリング法は、そのコツさえつかむことができれば、学校の先生方の日々の指導の成果の確認にも援用できます。先生方が意識して指導を行いたい子どもを念頭において、当該の子どもが、どのようなときに、どのような状態であったのか、そこでどのような指導をしたのか（様子を見る等も含む）、その結果、子どもの状態がどのように変化したのか（変化しなかったのか）を記録していくというやり方です。

先にも述べたように、学校の先生方は、（気になる）子どもの状態を記録することは日常的に取り組んでいることが多いので、それに加えて、「どのようなときに」「どのような指導をしたのか」「指導後の子どもの状態」を記録していただくことによって（様式は自身が取り組みやすいもので構いませんが、観察や記録の枠組みそのものは一定にします）、当該の指導（「型」）が子どもに「機能」したのかをある程度俯瞰的に整理することができます。認知行動療法で用いられる「型」と「機能」の区別は、この文脈では、「指導する（した）こと」と「指導が通る（通った）こと」を分けて整理することに相当します。

児童生徒にもセルフモニタリング法を用いる

認知行動療法の枠組みに基づく支援においては、子どもにもさまざまな形でセルフモニタリング法の適用が行われています。「コラム法」を含めて、標準的な一覧表の様式を埋めていく方法は、成人と同様に、一定程度の内省能力や言語化能力が必要とされます。その一方で、より単純化した方法で、低学年の児童への適用を試みている例も多くあります。

例えば、「気分温度計」は、「楽しい」「悲しい」「緊張する」などの基本的な気分を取り上げて、それぞれの気分の温度計に自分自身がその気分をどの程度感じているのかを色を塗って表現する方法です（「気分の落ち込みが70」などというように、認知行動療法の百点満点の数字を用いた評定方法に相当します）。そして、ストレスマネジメント教育などの前後に、気分温度計を用いてストレス反応の変化の評価を行うことによって、子ども自身も、支援者同士も、その効果を俯瞰的に（メタ認知的に）理解し、共有することができます（もちろん回答できる学年であれば通常の質問紙尺度でも評価を行うことができます）。

また、セルフモニタリング法は、頭の中で考えていること（認知）を外在化させることによって、俯瞰的な自己理解を促進させるという特徴を有することから、思考がまとまりにくい子どもにイメージや絵を使用しながら利用することも可能です。

ここにご紹介する図は、友人関係の問題を抱えていた中学校一年生女子R子のセルフモニタリングの例です。R子がイラストを描くのが得意であったことと、TVドラマをよく見ているとのことで、ドラマの中の「登場人物相関図」をイメージして描き出したものです。R子の相談は、それぞれの「友人との関係」のバランスをどのようにとったらよいのかがわからないという内容でしたが、このようなセルフモニタリング法によって、自分自身の希望を加味した、大切にしたい友人関係の「優先度」の整理がつきやすくなったようでした。

図９　イラストを用いたセルフモニタリング（Ｒ子の場合）

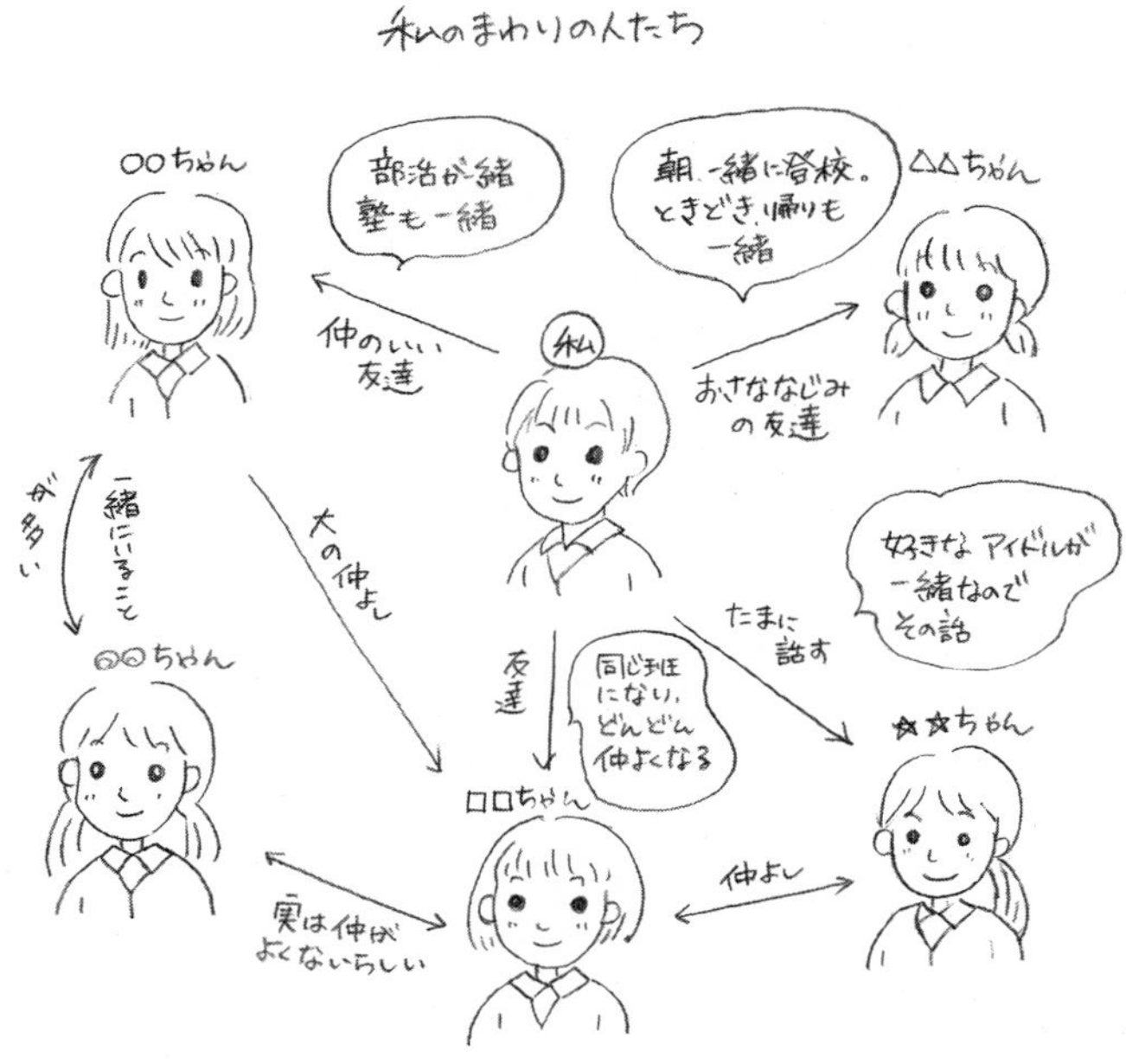

「自分の考えがまとまった感じがする？」と私が尋ねると、Ｒ子は「うん、だいぶ…。私にはわかりやすいやり方かも。今までも同じようなことは頭で考えていたはずなんだけど、途中で何が何だかわかんなくなっちゃって」と言いました。

「そうなんだ…。みんなを描き出してみたのがよかったのかもね」

「私もこの中に入ってるのが何だか面白いし…。なんだか空から見てる神様みたい」

「神様か、確かにそんな感じだよね。これで頭の中の整理のコツをつかんだから、相談室に来なくても、一人でできそうだね」

「うん！」

自分の得意なこと（イラスト描き）に結びつけたセルフモニタリングを通して、Ｒ子はセルフコントロール力を少し高めたようでした。

最近は、電子モニタリングという方法も身近になってきました。例えばスマートフォンが歩数を自動的に記録する方法です。ご多分にもれず私も運動不足が気になり、それを活用せざるを得ない状況で、日々記録と格闘しています…。

第2章

「チーム学校」に活かす認知行動療法

1

「チーム」づくりと認知行動療法

公認心理師時代の認知行動療法

二〇一七年の九月一五日に公認心理師法が施行され、公認心理師の国家試験も回数を重ねるに至りました。学校教育の心理関連業務に携わっている方々の中にも、すでに保有していたり、または関心をもたれたりしている方も多いと思います。この公認心理師に求められる役割・知識・技術に関しては、保健医療分野、および司法・犯罪分野において、認知行動療法が掲げられています。これは、当該領域における効果のエビデンス（証拠）の蓄積がその背景にあると考えられます。その一方で、教育分野においては、不登校・いじめ・暴力行為などを問題行動としており、発達障害の問題を含めて、それらへの対応等が公認心理師に求められていますが、残念ながら、認知行動療法に関する具体的な言及はありません（もちろん教育分野においても、認知行動療法の効果のエビデンスは相応に蓄積されています）。

教育分野における公認心理師の活動は、第一章第七節で述べた従来からのスクールカウンセラーに求められる役割とほぼ同じ内容が示されていますが、その中でも「連携」が強調されています。公認心理師の役割の考え方の背景には、全般的に、その活動分野にかかわらず、多職種連携、地域連携が掲げられているのですが、教育分野では「チーム学校」としてそれが大きく取り上げられています（ちなみに「チーム学校」は、「公認心理師試験出題基準〔ブループリント〕令和三年版」にもリストアップされています）。

チーム学校の考え方では、専門性に基づくチーム体制の構築や、学校のマネジメント機能の強化などが掲げられており、スクールカウンセラーなども心理専門スタッフとしての連携や分担が求められています。そして、これらの法的な裏づけとして、二〇一七年度から学校教育法施行規則（第六五条の二）にスクールカウンセラーが初めて明示され、その職務内容とともに、学校の管理職がスクールカウンセラーの「上司」に位置づけられるに至りました。

このように書いてしまうと、これからは何かと法的にしばられて、心理的な相談活動が狭められてしまうのではないかと懸念される方もおられると思います。しかしながら、一部の側面を除けば、これまでの取り組みやその背景にある考え方と大きく変わるものではありませんし、むしろ活動しやすくなる環境が整うことも期待できます。例えば、校内の生徒指導部会や教育相談委員会などの開催曜日・時間帯一つをとっても、これまではスクールカウンセラーの勤務日程と独立して設定していた学校も、工夫を試みるようになるかもしれません。

チーム学校と認知行動療法に基づく機能的役割分担

その一方で、チーム学校の多職種連携の考え方において大きく懸念されていることは、そのチームが実際の学校現場で本当に機能するのか、「船頭多くして船山に上る」になってしまうのではないかという点であるとよく耳にします。

児童生徒のために「チームを組む」という概念は、チーム学校の概念の導入以前から学校現場にかなりの程度浸透していたと思うのですが、チームをどのように組むのか、そしてどのようにチームを機能させるのかに関しては、そのノウハウがあまり学校現場に伝わっていないように私は感じています。あまり機能していないチームによく見られるのは、校務分掌によってチームのメンバーが〝充て職〟として決められ、その活動は情報の共有のみにとどまってしまい、メンバー自身にチームを組むことの意義が感じられず、負担感だけが大きい（他の業務の劣位に置かれ、集まることすらも困難になる）、となってしまっている状態です。

このような状態に陥ることを防ぐためには、認知行動療法に基づく「機能的役割分担」の考え方が有用です。まずは、目標（理想的な長期的目標というよりは、児童生徒のアセスメントに基づいた現実的な短期的目標）自体をチーム内で共有すること、そしてその目標を達成するために、校務分掌を基盤としながら、当該の児童生徒に誰がどのように働きかけるのかをお互いに共有しながら実行すること、実行の成果を互いに共有しながらそれぞれの働きかけが機能していることを確認すること（機能していなければ、最初に戻りアセスメントからやり直すこと）を行っていくことになります。

機能的役割分担の具体的な事例

長い期間の不登校状態から相談室登校が安定してきた中学校三年生女子（S子）に行った教室登校に切りかえる支援で、機能的役割分担の実際を見てみます。

S子は、それまでの学校への登校日数が極端に少なく、相談室登校自体がハードルの高いチャレンジの機会になっていましたが、相談室登校が安定してきたことから、「教室で（理科の）授業を受ける」という支援の目標をまず立てました。

そこで私は、校内の不登校委員会でS子の現況について説明を求められたときに、その時点のアセスメントに基づいて、「相談室を〝基地〟にしながら、教室に送り出す準備が整ってきている」と報告しました。すると、どのような方法を用いて教室に戻せるのかと尋ねられ、私は「S子さんは、相談室で、国語、数学、理科の副教材の問題集に取り組んでいることが多いことから、例えば、その問題集のできないところを職員室にいる教科担任に質問に行かせるなどが考えられます」と説明しました。

「いつ実行するかはS子さんのその日の状態にも依存しますが、条件が整ったときには、職員室へ内線電話連絡をします。最初はおそらく私と一緒に職員室に行き、私のほうが勉強の内容の質問をすると思います」と話しました。先生方からは、翌週に学校行事が控えているため、実行はその後にしてほしいと依頼されたため、その旨を承諾しました。

図10　機能的役割分担の考え方

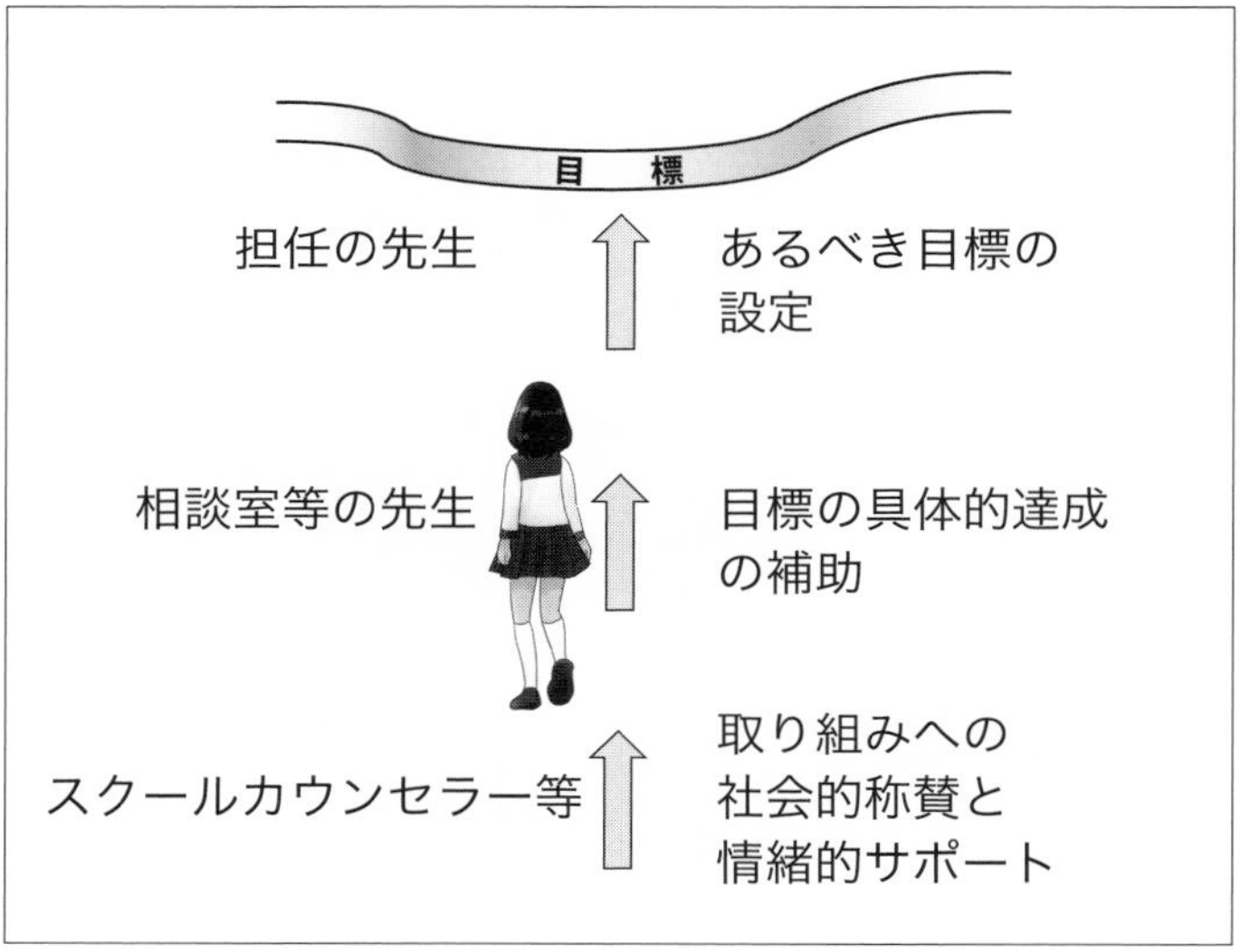

　そして、教師の側の対応で留意することがあるかを質問されたため、「他の生徒たちへの〝悪影響〟を最小限にするようにしますので、S子さんが私と一緒に校内の廊下等を歩いているときは、それなりの〝練習〟をしているとみなしていただき、授業時間帯であっても（注意等のための）声をできるだけかけないでいただきたい」ということと、「職員室での滞在時間をできるだけ短くするために、質問には短く答えていただきたい」ということ、さらに「S子さんのそこまでの学習の〝取り組み〟を（その時点での理解の達成度は低くても）ほめていただきたい」ということをお願いし、快く受け入れていただけました。

　実際に実行した日は、授業時間帯にS子がかなり緊張しながら職員室に向かって歩いているとき、なんと向こうから校内巡回をしていた先生に出くわしてしまいました。その先生は私たちに気づいたらしく、その場で脇を向いて窓の開け閉めを始めてくれました。文脈的にはかなり不自然な先生の行動でしたが、ある意味の〝勝負〟のときだったため、これには本当に助かりました。

結果として、S子はこの日の成功体験をきっかけとして学校適応が徐々によくなっていきました。この変化はS子にとっても大きな意味があったと思いますが、S子への働きかけをどのように分担し、S子がどのような働きかけにどのように変化していったのかという具体的なプロセスを学校の先生方と共有できたことは、支援者側にとっても大きな意味のある体験だったと思います。

実際に、その後、S子に対して、クラス担任の先生が他の同じクラスの生徒に対して行っているのと同様の指示をすること（勉強や生活上の課題、提出物など）、相談室担当の教育相談主任の先生がクラス担任からの指示を伝え、具体的な解決策を練って実行する（提出物を職員室に出しにいく、できない課題をできないと伝えにいくなど）のを補助すること、そして私がカウンセラーとして、全般的な取り組みを社会的称賛を中心としながら情緒的にサポートすることを行いましたが、先生方も「特別な配慮に伴う特別なエネルギー」をあまり使うことなく、円滑に支援を続けることができました。

これらのことを少し整理すると、チームが機能するためには、まず支援のベクトル（図10の矢印の向き）がそろっていなくてはいけないこと、支援者が自らの役割を踏まえながら支援チームのどこにいるのかを俯瞰的に理解すること、そして支援実行の効果をお互いに確認することが重要であると考えられます。

その後、S子への支援の経験を共有した当該の学校では、非常に円滑に他の生徒の「支援チーム」がいくつもできて、それぞれに支援を続けることができました。

相談室がやっていること？

「正直言って、嶋田先生が来るまでは、相談室ってすごく閉鎖的で何やってるのかわからなかったんですよね。守秘義務も大切なんでしょうけど、相談室からもある程度情報を出してくれないと、私たちも動けませんから……」と、その後の校内委員会で先生方に言われました。

「そもそも『教室に送り出す準備ができている』なんて言ってきたカウンセラーは初めてですよ。相談室にお願いした生徒が今後どうなるのかっていうのがわかると、私たちの（相談室に預けるともう教室には戻ってこないかもという）躊躇も減るのかなって思いますよ」

「さすがに全員の生徒を〝すぐに〟教室に戻すことは難しいですね……。でも、この子はもう少し時間がかかるので待ってほしいとか、この子はもう教室に引っ張ってもおそらく大丈夫とか、心理から見立て（アセスメント）はお伝えできますよ。それを参考にしていただいて、いろいろな負担やタイミングも考慮しながら、先生方と現実的な作戦を立てていくのがいいんですかね……」と私が答えると、先生方も同意してくれました。

私は、別の中学校で、S子と同じような手続きで相談室登校の男子生徒を教室登校に切りかえることを試みたことがありました。通常は不測の事態が起きた場合の作戦は事前に練っておくことが多く、当該生徒とも、相談室から教室までの経路で誰かに会ってしまったら「途中のトイレに隠れる」としていました。

実際に実行した日は、途中で授業を中抜けしてきた生徒と出会ってしまい、作戦通りトイレの個室に二人で隠れました。不運なことに（?）、中抜けの生徒もトイレに入ってきてしまい、それを追いかけてきた先生もなんと入ってきてしまいました。中抜けの生徒がどうしたのかはわからなかったのですが、先生が私たちの個室に「早く出てこい」と声をかけてきました。仕方がないので、「すみません。嶋田です」とドアをゆっくり開けると、「あれ、何やってんですか？」と言われましたが、一緒にいた男子生徒を見て「ああ……。カウンセラーさんも大変ですね……」と、私たちを〝見逃して〟くれました。

2
学校内の行動コンサルテーション

児童生徒への間接的支援

第一章第七節でもふれたように、スクールカウンセラーの職務（業務）内容は文部科学省によって明示されており、その中に教職員に対する助言などに関する言及があります。これから活躍が期待される公認心理師も、公認心理師法第二条三に「心理に関する支援を要する者の関係者に対し、その相談に応じ、助言、指導その他の援助を行うこと」とあること（および勤務日数）から、このような間接的な支援形態は、ますますニーズが高まることが予想されます。

これらの児童生徒への間接的な心理的支援は、これまで「学校コンサルテーション」として体系化されてきました。学校コンサルテーションは、一般的に、保護者や学校関係者を対象として、児童生徒の問題行動に関する対応方法などを示唆し、児童生徒への支援を効果的に行えるよう援助を提供する活動のことです（提供者はコンサルタント、被提供者はコンサルティと呼ばれます）。

類似の概念の支援活動に「スーパービジョン」があります（援助の提供者はスーパーバイザー、被提供者はスーパーバイジーと呼ばれます）。これは、より知識や技能の熟達した同一職種の上級者から、ケースに関して助言や（教育的）指導を受けることを指しています。

一方、コンサルテーションは、他領域の専門家間で行われるものを指し、対等で上下関係の伴わない相談援助活動であり、ケース自体の問題解決を中心に扱うことが原則とされています。したがって、私たち心理職は、決して学校の先生方の「指導」を行うわけではなく、先生方が直面している問題に対して、あくまでも臨床心理学の立場から「助言」を行うことになります。

しかしながら、実際の現場では、この「指導」という言葉の機能が、少なからずコンサルテーションの構造に影響を与えてしまっていることがあります。学校の先生方は、ご挨拶の一環として「よろしくご指導を」としばしば使われるのですが、最近の経験の浅いスクールカウンセラー等の心理職側は、それを過剰に意識してしまい「何か役に立つことを言わなければ」と必要以上に不安を感じたり、逆に真に受けてしまい「上から目線」で学校や先生批判を始めてしまったりする例も耳にしています。

インシデント・プロセス法の普及

スクールカウンセラー事業が開始された当初の学校の先生方への「指導」方法は、先生方によるケースへのかかわりを全体的に発表していただき、それを「（スクールカウンセラー等の）指導者」が気になった点を中心として全体的に議論する方式が多く展開されてきました（その多くは、事前に学校の先生方に詳細な資料を提出していただいていました)。これは、伝統的に行われてきた指導主事の先生による教科学習の教授方法の指導のやり方の影響を色濃く受けていたこともあったように思います。しかしながら昨今は、事例検討の際に、いわゆる「インシデント・プロセス」の方式がずいぶんと学校現場に定着してきた印象があります。

インシデント・プロセス方式は、おおむね、「情報収集による児童生徒の理解」→「仮説の設定」→「指導・援助策および役割分担の決定」→「指導・援助の実行」→「実行効果の確認」という流れで進められるため、認知行動療法の考え方と類似しており、比較的相性がよい方法であると考えられます。

また、その活用にあたっては、参加者自身が当事者の立場で考えるために実践的な活動に結びつきやすいこと、事例提供者の(心理面も含めて)負担が少ないこと、比較的短時間で実施できることなどのメリットがあげられています。教育委員会によっては、インシデント・プロセス方式の流れをベースに「○○方式」などの独自の名前をつけ、「○○式の事例検討といえば、どのような形式や内容で行われるのか」が共有できるようになっているところもあります。

もともと学校コンサルテーションにおいては、コンサルタントが臨床心理学の知識を一方的に伝えるのではなく、学校の先生方がすでに持っている知識やスキルを、問題解決にどのように役立てることができるのかを考えていく指向性があります。認知行動療法の考え方に立脚すれば、当該の児童生徒に機能しうる「先生方の働きかけ」を整理し、それを分化強化していくと考えることになります(先生方の持ち味はより強く、弱い側面はそれを補うスキル等を身につける、と考えます)。そして、そのような「問題解決のプロセス自体」を経験すれば、次に同じような問題が生じた際にも、先生方自身の力で対応できるようになることが期待できます。

ところが、このようなメリットを持っている学校コンサルテーションにおいても、インシデント・プロセス方式も含めて、問題点がないわけではありません。具体的には、

・先生方とともに案出したことに関する効果測定が不十分であること
・コンサルテーションが当該の先生方に「活用される」ための要件（頭で理解しても実際にはうまく動けないことの解消など）の記述が不十分であること
・コンサルテーションの「プロセスの一般化」への取り組みが不十分であること

などが指摘されています。

このような問題点を補うものとして、認知行動療法には、「行動コンサルテーション」という方法があります。

行動コンサルテーションの考え方

行動コンサルテーションは、主として、コンサルティの問題解決を系統的に進めることを目的として、行動論的な方法や技法（認知行動療法、応用行動分析など）を用いたコンサルテーションを総称したものです。

この方法が体系化された当初は、注意欠如・多動症、学習障害（限局性学習症）、自閉スペクトラム症など、発達障害（神経発達症群）を対象とした特別支援教育のあり方の議論の中で注目されてきました。認知行動療法の源流である行動療法は、伝統的に、発達障害を抱える児童生徒の

適応の改善に関して多大な成果をあげてきました。このような背景もあり、行動コンサルテーションの根底には、私たちのアセスメント技法や介入技法そのものを、学校の先生方にも身につけていただこうという発想があります。

この行動コンサルテーションの特徴としては、その効果をできる限り担保し予測するために、実証的なアセスメントを行うこと（直接的支援や間接的支援の際の介入の途中や介入の過程においても実施する）、アセスメント結果に従い、効果的な結果が最大限にもたらされるように工夫すること、介入の方法や技法は、追試や再現が可能な方法を選択することなどがあげられます。そして、その実践の際は、次のような四段階を経ることになります。

第一段階：改善したい問題を同定する
第二段階：問題を行動レベルで記述して標的行動を明確化する（問題の分析には三項随伴性の枠組みを用いる）
第三段階：指導介入の実施はコンサルティが具体的に実行する
第四段階：実行した指導介入の効果を評価する

行動コンサルテーションの適用事例

ここでは、小学校五年生女子のT子に、行動コンサルテーションを適用した例を紹介します。

小学校四年生のときに父親の転勤に伴い転校してきたT子の登校しぶりの原因は、T子が使っていた「方言」をからかわれたことをきっかけとした「交友困難」であろうと推測されました（第一段階：問題の同定**)**。そこで、T子の行動観察（興味・関心を示す行動、相手からの働きかけに応答する行動、対人的な自発行動）を行ったところ、T子は声が著しく小さく、ぼそぼそと話す傾向が見られました（もともとの声の小ささに加え、方言を隠すために小声になっていました）。そのため、聞き手が顔を近づけないと、T子の発言内容を聞き取ることが困難なくらいでした。T子は、対人交渉も受け身的であり、周囲からの働きかけの際には、それを回避せずに応答しようとしている様子も見られる一方で、全般的に他者からの働きかけの反応性に乏しい様子が観察されました。担任の先生は、T子には、そのようなおとなしい性格の変容が必要だと考えており、他の女子児童の輪の中にできるだけ入れることを試みていましたが、あまり効果があがっていないとのことでした。

そこで、行動観察時に（保護者の許可を得て）撮影したビデオを、担任の先生を含むT子にかかわる先生方と検討しました。すると、周囲の児童はT子に働きかけても、おそらく「T子の反応がわかりにくい」ため、働きかけた児童はすぐにその場から離れていく様子が繰り返し観察されました（映像データを分析したところでは、「興味・関心を示す行動」は確認できる一方で、「相手からの働きかけに応答する行動」が相対的に少なく、「対人的な自発行動」はまったく確認できませんでした）。すなわち、担任の先生のように、T子の反応をある程度〝待てる〟大人とはコミュニケーションがとれる一方で、他の児童たちとは結果的にそれが難しいのだろうと見立てました。

この見立てに従い、周囲の児童とのコミュニケーションを促すことを目標として、担任の先生が、授業の中でT子と周囲の児童たちとのコミュニケーションの場面を設定することにしました

（周囲の児童の働きかけに対して社会的称賛で強化）。そして、Ｔ子の自発的な行動を増やすことを狙って、まずはＴ子の明確な応答行動を増やす（**第二段階：標的行動の明確化。【仮説】**）ために、具体的に担任の先生が適切な「応答のモデル」をＴ子に見せること、Ｔ子が少しでも適切な応答行動をとったときには社会的称賛を与えることとしました（**第三段階：指導介入の実施**）。

その際、正副の担任の先生方には、認知行動療法の考え方（三項随伴性など）、および行動観察の具体的な記録の方法（生起場面、実際の行動、対象児の変化）について説明し、二週間に一回程度のビデオ撮影をＴ子の副担任であった音楽専科の先生にお願いしました。そしてそのビデオを見ながら、正副の担任の先生方とともに介入効果の検討を行いました。

経過を追いながら確認すると、先生方の介入によってＴ子の他児からの働きかけに対する応答行動が増えていること、そして、当初の【**仮説**】どおり、応答行動が増えるにつれて、Ｔ子の自発的な行動が増えていく様子が確認できました（**第四段階：指導介入の効果の評価**）。そして、この成果に呼応して、登校しぶりの傾向も改善していきました。

＊

若手のスクールカウンセラーたちの話を聞いていると、学校では、子どもに直接接する時間が少なく、コンサルテーションばかりだというグチがよく出てきます。本当は、機能的なコンサルテーションのほうがはるかに難しくて、スクールカウンセラーの腕の見せどころなのになぁ…。

3
相談室活用の素地づくり

子どもたちからの相談内容

ＰＴＡなどの集まりで「カウンセラーが考える有効な子育ての方法」というようなテーマの講演会をさせていただくと、「子どもたちって、カウンセラーさんのところに相談に行くんですか？」というご質問をよくいただきます。

もちろん児童生徒が相談室に来る方法は、学校の中の相談室の位置づけ（例えば、相談室は不登校の対応のみをするなど）や学校の規模（相談の件数）、事前予約の来室方法以外に「オープン利用」の来室の仕組みを使っているかどうかなどによって異なりますので、一概にこうであるとは言えないところもあります。特に、何らかの問題の様相が見られない児童生徒の場合には、相談室に来られるのかどうかは、学校の事情によってずいぶんと異なります。しかしながら、「オープン利用」の仕組みがある学校では、それなりに子どもたちは集まってくるなという印象があります。

自発的、あるいは促されて来室する子どもたちからの相談内容は、不登校やいじめの問題を含めて、友人関係の問題が最も多く、かなり高い割合になります。それ以外には、先生との関係、親や家族との関係、勉強・成績関係、進路の問題など、高校生になると精神障害の問題があります。また、数は多くありませんが、自己の性格の問題や性の問題などがあります（身体面の問題は、原則として養護教諭の先生につなぎます）。さらに、昨今はこれらの児童生徒の問題の背景に、発達障害の問題が絡んでいることが多くなっているということは、多くの相談関係の教職員の方々に同意していただけるのではないかと思います。その一方、反社会的問題行動の問題を呈している児童生徒は、自発的に来談することはほとんどなく、なかば無理やりに相談室に連れてこられることも珍しいことではありません。

中学校三年生のU子は、そのような状況で出くわした女子生徒でした。U子はその日の前の週末に繁華街をうろついていたということで街頭補導され、保護者と学校に連絡が入ったとのことでした。U子は、担任の先生からの事前予約が入っていたのですが、意外にも一人で相談室にやってきました。

U子の「悩み」相談？

「こんにちは、U子さんですか。初めまして、スクールカウンセラーの嶋田と言います」

そう声をかけると、U子は軽くうなずきました。

「三年生だよね、何組？」

「四組」

「そう。今日はなんて言われてここに来たの？」

「心にいろいろ問題があるから、カウンセラーの先生に相談してこいって言われた」

「そうなんだ、心にいろいろね…。先生にそう言われた？」

「そう、親にも。カウンセラーにでも相談して反省しろって警察の人にも言われたし」

「わかった。じゃあ、何か悩みとかってあるの？」

「みんなにそう聞かれるんだけど、特にないんだよねぇ…」

「じゃあ、何か心や気持ちに関して聞いてみたいことでもいいよ」

「それならあるかなぁ…。一度、男の人に聞いてみたかったんだけど、男の人はどうして化粧していない顔のほうがいいって言うの？」

「うーん、それは難問だなぁ…。そう言われたことがあったの？」

「この間、先輩と街に出かけたときに言われた。ばっちり決めていったのに、すごくがっかり。明らかに化粧したほうがきれいじゃない。大人だってみんなしてるんだからさ」

「確かにそうだねぇ。…そうか、ちょっと待って。化粧した顔って、みんなに見せる顔じゃない。化粧していない顔って、特別の人にしか見せないじゃない。だからきっと、それだけU子さんが先輩に大切にされてるってことじゃないの？」

「ああそうか。先生、すごいね。悩み解消！」

「それはよかった。…じゃあ、少しだけ、先週のことを聞くね…」

このときの答えがこれでよかったのかどうかは今でもわかりませんが、それ以降、U子は「オープン利用」の時間にたまに相談室に顔を見せるようになりました。授業時間中に来室した日もあり、「先生になんて言ってきたの」とU子に聞くと、「今日は心に問題がありそうなので、相談室に行ってきますって言ってきた」と答えました。

「本当に先生はそれでOKだったの？」

「たぶんね。ちゃんと聞いてもらいなさいって言われたから」

「だったらまあいいか。だけど、まだ授業中だから、いちおう職員室にはU子さんがここにいることは伝えるよ」

「うん」

U子は、家庭事情がやや複雑で家計が苦しいこと、繁華街では遊んでいたのではなくてビラ配りの下請けの手伝いをしていたこと、勉強は嫌いだが学校は嫌いではないこと、ちゃんとバイトをしたいので高校生にはなりたいことなどを話してくれるようになりました。

U子のことを担任の先生に確認すると、本人の心が荒れても仕方がないような家庭事情があるが、相談室に行くようになってからは目につく問題を起こさなくなったため、当面は今のままでよいと考えているとのことでした。そこで、U子に対しては、学校外の問題を起こさないように見守りながら、「少しずつ適応的な行動を増やしていく」ということを目指して、相談を続けることにしました。

U子からの情報提供

ある日、放課後の予約相談が終わり、相談室の小部屋を出ると、待合のイスにU子が座っていました。「あれU子さん、今日はどうした？」と私が聞くと、

「今日は私のことじゃなくて。二組のV子が結構いじめられてる。最近ひどくなってきて。今度相談室に連れてくるから、何とかしてほしいんだけど」

「わかった。V子さんだね。大事なことを教えてくれてありがとう。V子さんとは友達なの？」

「友達っていうか、小学校のときに同じクラスだったことがある」

「そうなんだ。いじめのことは、先生たちは知ってるの？」

「わかんない。学校では目立つことはやってないから。この間の日曜に街で、みんなでV子を囲んでた。遠くから見かけたんだけど、V子、泣いてたみたいだったし」

「わかった。それはだいぶ心配だね。このことは先生たちに伝えてもいいの？」

「…いいけど、私が言ったって言わないで」

「そうだよね。U子さんだって立場があるもんね。うまくやってみるよ」

その後、先生方と情報を共有すると、ちょうどV子の保護者から、V子本人が家で元気がないという電話が二組の担任の先生にあったばかりだとのことで、さっそくV子のいじめ問題に対応する「支援チーム」をつくることになりました。

V子の相談室への初回来談時には、事前予約でV子の付き添いとしてU子もやってきました。

U子は、なかなかうまく話せなかった「V子の代弁者」としての役割を果たしてくれました。V子も、そのようなU子の様子に少し安堵していたような印象でした。「これでだいたいのことは話したから、次からはV子だけで予約してこっそり来なよ。私も結構忙しいからさ。こう見えて嶋田先生は意外に頼りになるよ」と、U子は最後に言いました。「意外に？」と私が言うと、U子とV子は顔を見合わせて笑っていました。

相談室活用の素地づくりとしての活動

幸いなことに、学校の先生方の動きに呼応して、V子の「支援チーム」がうまく機能し、いじめの問題は沈静化に至り、V子は以前の様子を取り戻したようでした。

その後、私のスケジュール調整をしていただいていた教育相談担当の先生から、「最近、担任から特に勧めていない生徒からの新規の相談申し込みが増えてるんですよね」と言われました。

「へえ、そうなんですか」

「V子の母親から、相談室のことが保護者の間に口コミで広がっているみたいで」

「でも、V子のことは、相談室ではなくて、支援チームの成果ですよね」

「そう言われればそうなんですけどね…」

「ですよねぇ」

私はこのとき、特にこのことを気にとめていませんでした。

たしかに、V子の件以降に担当した新規の「保護者のケース」は、相談に至った経緯から、V

子の保護者からの口コミの影響が少なからずあったようでした。一方で、新規の「生徒のケース」は、V子の保護者とは直接結びつかないものばかりでした。むしろ共通していたことは、U子から直接勧められたり、U子が相談室を誰かに勧めていたのを間接的に聞いたりしていたことでした。

そこで、そのことを教育相談担当の先生に伝え、

「U子が相談室の〝宣伝〟をしてくれてるんですかね？」

と尋ねると、

「そうかもしれないですね。そういえば、U子はあれでいて世話好きなところもありますからねぇ…」

もちろん、個別に落ち着いた構造の中で進める相談が必要な生徒も多くおり、相応の環境を事前予約等で担保することが重要であることには変わりがありません。しかし、「オープン利用」のような形で、相談室をさまざまな問題を早期にキャッチするアンテナの一つと位置づけることは、相談室の適切な活用の素地づくりになると考えられます。

保護者対象の相談室「オープン利用」

私は、これまでいくつかの学校で、保護者を対象とした事前予約不要の相談室「オープン利用」の仕組みを使ったことがあります。そこでは、親子関係、友達関係、子どもと先生との関係、保護者と先生との関係などをテーマとして、他人に聞かれてもかまわない範囲での話題が多く出さ

れました。積極的に話をする方もおられれば、聞いていらっしゃるだけの方もいました。

その他にも、子どもの性格、汚い子ども部屋への対応、ゲームや性的表現のある雑誌の扱い方、小遣いの値段設定などの「相談」があり、ある意味、社会教育（成人教育）の様相もあるように感じました。当該時間の終了時には、個別相談を希望する場合の予約の取り方をお知らせし、実際に相談につながったケースもありました。

学校では、スクールカウンセラーや相談職員の紹介などは、年度当初の配布物で行われるにとどまることも多いようですが、それに加えて、「オープン利用」制度をきっかけとした保護者や子どもたちの口コミなどを利用して「特別な児童生徒だけのために相談室があるわけではない」ことをうまく伝えていくことも、学校内の相談業務活用の雰囲気づくりには重要であると考えられます。

また、何度か触れてきましたように、認知行動療法の枠組みでは、学校内の相談室運営（経営）は、児童生徒の「居場所」的役割をベースにしながらも、先に「型」としての対応手続きがあると考えるのではなく、相談室を〝中間施設〟として位置づけ、児童生徒の適応を高める上で、個々にどのように「機能させる」のかということを考えていきます。

この認知行動療法の考え方を取り入れると、特定の児童生徒を念頭に置いた硬直化しがちな相談室運営方針を、より柔軟により機能的に運用することも可能になります。

＊

その後、U子の「余波」はあちこちに出てきました。

「オープン利用」をするようになって日が浅い「元気な」生徒が、「先生、明日から期末試験なんだけど、三日間だけでいいから、頭がよくなる催眠術をかけてくださーい」と、複数の友人たちと相談室に来室しました。

「わかった。でも、ホントにかけてもいいの？　初めてだと、ちょっとクラクラするかもだけど…。ほーい（祈祷の真似事）。これでかかっているはずだから、早く家に帰って、一通りノートを見直して、早めに寝ると効果が出るはずだよ…」

4 保護者と学校の関係性への支援

保護者のニーズと支援目標の設定

学校現場で子どもたちの適応支援を行っていると、保護者の思いや考え方と、学校の先生方の思いや考え方の、双方を踏まえた実践が必要であることにあらためて気づきます。もちろん双方の思いや考え方が一致している場合には、子どもの状態のアセスメントに基づきながら、それに応えるべく適切な支援計画を立てていくことになります。しかしながら、私たちのような心理の専門家が支援に加わる場合には、それらが完全に一致しているケースはむしろ少なく、少しズレている場合のほうが多いように感じています。時には、保護者と学校の先生方の思いや考え方が正反対であったりするケースにも少なからず出くわします。そこで、心理の専門家には、双方の関係性の調整を行うという支援の観点も必要になってきます。

私自身の実践を振り返ってみると、そのような観点の吟味が不十分だったと反省するようなケースがいくつも思い出されます。なかでも、不登校生徒Ｗ男とのかかわりは、特に印象に残っています。

Ｗ男は、偶然にも、小学校五年生から外部相談機関のカウンセラーとしての私とかかわる機会があり、当時から友人関係の問題に端を発した不登校の問題を抱えていました。Ｗ男の母親は、問題に対する小学校の先生方の初期対応に不信感を抱いてしまい、それ以降、学校とコミュニケーションをとることを避けるようになってしまいました。そして、そのまま不登校の問題は改善せずに、Ｗ男は中学生になりました。中学校に入学後は、相談室がＷ男の居場所としてうまく機能したこともあり、徐々に登校日数が増えて、相談室登校自体は安定してきました。

当時、当該校にスクールカウンセラーとして勤務していた私の見立てでは、Ｗ男の状態から、教室登校も可能であると考えていました。そこで、Ｗ男の母親と相談の機会を持ち、そろそろ相談室登校から教室登校に切り替えてはどうかと提案してみました。すると母親から、「そんなことはしなくて結構です。考えてもみてください。日本の子どもたちは、昼間の間、みんな西を向いて座っているんですよ。うちの子どもを、そんな判で押したような教育をする教室には預けられませんよ」と言われてしまいました。

私はこの言葉に、ある意味、「衝撃」を受けました。確かに多くの学校の教室は西側に黒板があり、その点は母親の言うとおりだとは思いましたが、私は、（当該の子どもにとって嫌悪的な状況にはない）教室に戻すことを拒まれるということは、それまで微塵も考えたことはありませんでした。きっとどこかで、Ｗ男を教室登校に導くことは、Ｗ男本人を含めて周囲の人々の思いや考え方に応えることであると勝手に決めつけていたのだと思います。

今でも、W男の状態に関する当時の見立てが間違っていたとは思いませんが、私はそれ以来、支援の目標が、保護者や学校の先生方と共有できているのかについて、それまで以上に留意するようになりました。

そして、私は、このW男のケースの経験を機に、いくつかの「親の会」などの不登校関連の自助グループに参加してみることにしました。そこでは、保護者のさまざまな思いや考え方、再登校に限らないさまざまな支援のニーズや方向性、そしてそれらに賛同する保護者や逆に戸惑っている保護者の姿を知ることになりました。二〇一七年に完全施行された「教育機会確保法」（「義務教育の段階における普通教育に相当する教育の機会の確保等に関する法律」）によって、部分的にではありますが、ある意味、それらの多様な考え方が法的に担保されたことになることから、これからますます保護者の多様なニーズや新たな考え方への対応をあらためて求められるようになっていくと考えられます。

特別支援教育のニーズへの具体的対応

文部科学省によって共生社会の形成に向けて推奨、展開されている「インクルーシブ教育」も、学校現場でもようやく耳慣れた言葉になってきたように感じています。この教育の考え方は、児童生徒それぞれが多様であることを前提として、障害の有無にかかわりなく、望めば自分に合った配慮を誰もが受けながら、地域で学べることを目指しているため、教育の実践の場である学校にとっては「合理的配慮」の概念のほうが身近な問題としてとらえられているかもしれません。

このような考え方は、国際的な潮流をも踏まえており、昨今の教育活動が指針とすべき理念としては非常に重要な内容を含んでいるように思います。その一方で、考え方が一般に浸透していくプロセスにおいては、おそらく多くの葛藤が生じてくることも容易に予測できます。そこで、インクルーシブ教育の考え方の導入以前のケースにはなりますが、中学校二年生のX子に対する支援を紹介します。

X子は、小学校三年生のときにＡＤＨＤといくつかの情緒障害の問題があると診断されて、特別支援学級への在籍を促されましたが、保護者の強い要望があり、原籍はそのままに同じ学校内に設置されていた通級指導教室を利用していました。また、X子は身体が大きく、衝動性が強い傾向にあり、薬物療法（メチルフェニデート塩酸塩）を継続していました。学校では、X子の他の生徒への他害（衝動的にかなり強い力で叩く）がしばしば見られ、通級指導教室のみならず、原籍級も含むさまざまな生徒とトラブルを頻繁に起こしていました。そして、その後の教師の指導にも、人を選ばず強く反発することがありました。

保護者と学校の関係性の調整

学校の先生方によると、「たとえ発達障害児であったとしても、具体的な技能や知識、適切な生活態度を身につけさせたい」という学校の「指導方針」に対して、「発達障害児は、そのままの特徴を丸ごと受け入れて育てていくべきである」という考え方を持つX子の保護者は、学校の具体的な指導方法に対して、日常的にクレームをつけているとのことでした。このような状況のなか、原籍級と通級の双方で、X子の他害に対するクレームが被害生徒の保護者からありました。そこで、X子がかなりの時間数を過ごしていた通級担当の先生がX子の指導をしたところ、本人が登校をしぶるようになってしまったとのことで、私のほうに相談依頼がありました。

私は、まず、X子にかかわる方々が現状をどのようにとらえているのかという「言い分」を丁寧にうかがうことにしました。最初にX子の保護者に話をうかがったところ、不登校になってしまったら進学先を含めて将来に悪影響が出るかもしれないこと、なにしろ「学校の理解と協力」が足りなくてV子は学校がストレスになっていること、そして、「そもそも学校はいったい誰のためにあると思っているのか」と感じていることを把握しました。

次に、通級担当の先生に話をうかがったところ、X子は他の生徒への影響力が大きいので、できるだけおとなしくしていてほしいこと、個に応じた具体的な技能や知識を身につけるという指導の方針自体は他の生徒との一致をはかりたいこと、そして、なにしろ「家庭の理解と協力」が足りなくて、「保護者の養育態度に問題がある」と感じていることを把握しました。

さらに、生徒指導主任の先生に話をうかがったところ、特定の生徒を「特別扱い」するのには限界があり、問題を起こした後に何も指導しないのは他の生徒への示しがつかないこと、障害があろうとなかろうと、やってはいけないことはきちんと指導しなければ将来的に困ると考えていること、そして、「そもそも学校は自分たちだけのためにあると思っているのか」と感じていることを把握しました。

すなわち、保護者も学校の先生方も、X子本人に対して適切な支援をしたいと考えていることは一致していましたが、意見は真っ向から異なっており、互いの批判をすることに終始するようになってしまっていました。

そこで、X子の具体的な行動の実際の観察に基づいて、認知行動療法に基づく支援を行うことにしました。まず、大半の時間を過ごす通級には、目に入る情報をできる限り少なくするなどの課題提示の仕方の工夫をすること、X子がキレたときの教職員のその場での「対応方法」を統一することを提案しました。生徒指導部には、一般の生徒が目にする普通教室のエリアと通級のエリアで「指導方法」を変えること、X子の行動の理解と具体的な対応方法に関する校内研修を開催することを提案しました。さらに保護者に対しては、保護者自身が問題意識を持っていた生活上の問題行動の変容を行動論的に試みること、X子がキレたときの家族成員間の対応方法を統一することを提案しました。なお、これらの提案は、認知行動療法の原理の説明を含めて、それぞれ個別に丁寧に行いました。

その後、三者それぞれのX子に対するかかわりの成果がおおむね出そろってきたところで、「保護者の思いや考え」と「学校の具体的な指導方針」、およびここまでのかかわりの成果について、学校の管理職と私を含めた五者が顔を合わせて確認することを行いました。その際、X子の衝動的な問題行動に対しては、関係者全員が問題意識を持っていたため、それを丁寧に共有することから始めました。そして、X子の（発達障害に起因するものも含めて）行動の特徴を踏まえた具体的な対応方法の成果の確認を、学校（通級、生徒指導部、管理職）と保護者の双方の前で実施し、X子の問題の改善には、それぞれの立場の「関係者の全員がそれぞれの〝宿題〟に取り組むことが欠かせない」ということを強調しました（なお、このようなやり方を用いることは、学校には事前に伝えてありました）。

このような顔合わせを何回か繰り返した結果、周囲の人々がそれぞれの努力をしていることを知ることになったため、保護者と学校が大きく対立することはなくなり、X子の適応状態も次第によくなっていきました。

保護者支援のコツ？

一般に、私たちが保護者支援を行う際は、保護者自身が子どもの適応状態に関する「問題意識」や「保護者なりの〝答え〟」を持っているかに留意します。

問題意識を持っていて〝答え〟を持っていない場合は、適切に特定の役割（宿題）を担ってもらい、問題意識を持っていない場合は、学校内の工夫でできることを中心に実践し、ゆくゆく保護者にも問題意識を持ってもらうと考えます。また、〝答え〟を持っている場合は、それを支持する態度で、いつでも協力の用意があることを伝えます。

冒頭のW男の母親の場合には、問題意識を持っておらず、保護者なりの〝答え〟を持っていたことになります。そこで、教室に戻す以外の適応向上のための働きかけを学校内で工夫し、その成果を適宜母親と共有することを続けました。その結果、「教室もW男の〝居場所の一つ〟」というように母親の考え方がゆっくりと変わっていきました。

不適応に陥ってしまっているわが子を目の前にしたとき、W男の母親は、西を向かせる教育のせいにせざるを得なかったのではないか、私は保護者の「字義通りではない」複雑な思いを垣間見た気がしました……。

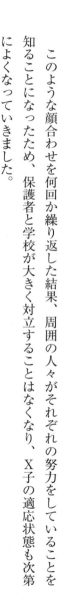

5
学校の中で心理専門職の専門性を発揮する

スクールカウンセラーの意見の有用性？

平成七（一九九五）年に調査研究委託事業として、スクールカウンセラー配置が始まってから、四半世紀を超えるに至っています。もちろんそれ以前にも私立学校にはカウンセラーがいましたし、自治体によっては公立学校にも巡回相談に相当する仕組みがありましたが、全国的に統一制度が整えられはじめたことは非常に意義深いことであったと思っています。

私は、これまでに、学校の中のスクールカウンセラー活動を充実させ、機能させるための研究に取り組んだことがあります。その際に、学校の先生方を対象に調査した内容の一つに、スクールカウンセラーが学校に伝えた意見等の内容の中で、学校現場に「役に立ったこと」「役に立たなかったこと」はどのようなものか、という項目を設けました。その質問の集計の結果、「専門的な知識や見立てが児童生徒の理解に役に立った」という回答が多く得られた一方で、私たち心理専

門職がスクールカウンセラー活動を行っていく上で留意する必要があることに気づかされる回答も多くいただきました。例えば、

「教師は、さまざまな問題を起こしている児童生徒の〝心の解説〟が聞きたいわけではない」

「児童生徒の診断名がついたところで、教育の現場では結局どうすればよいのかわからない」

「児童生徒の問題を家庭の環境（家族機能）のせいにしたところで、結局は家庭の問題には学校から手が出せない」

「わかりきった〝正論〟にはすでに取り組んでいるのに、スクールカウンセラーに正論を繰り返し伝えられても仕方がない」

「昔話や外国の話をされても、それを今、この学校でどのように指導に活用すればよいのかまったくもって不明である」

「子どもたちに向き合えと言われても、すでにスクールカウンセラーよりははるかに長い時間向き合っている」

「具体的な質問をしても、いつも曖昧な回答しか返ってこない」

「現状をやたらに批判し、学校を〝変えたがって〟いる」

などの回答があり、心理専門職として襟を正してきちんと考えるべき内容が多かった印象がありました。

スクールカウンセラー事業が始まった当初は、心理専門職の人材確保に苦労していた地域も多く、学校を退職された（校長先生を含む）先生方も多く活躍されていました。このような背景もあり、当時の私から見ても、スクールカウンセラーの側がコンサルテーションとスーパービジョ

ン（より知識や技能の熟達した〝同一職種の上級者から〟助言や指導を受けること。第二章第二節参照）をかなり混同していたように思います。

しかしながら、そうした背景を差し引いたとしても、先生方の回答の内容を見ると、それまで「学校の文脈」をそれほど考慮せずに行われていた心理専門職に対する〝教育相談やカウンセリング、心理療法に関する指導やトレーニング〟の内容を、そのままの形で「学校の中」で展開するのは困難であったことがわかります。

心理専門職の専門性を発揮する？

そして、これらの「スクールカウンセラーが役に立たなかった」という意見は、共通して「児童生徒やその保護者へのかかわり方に関して具体性に欠ける」「家庭環境を含めた包括的なケースマネジメントの視点が不足している」という観点の内容が多く含まれているように感じます。加えて、「教師や学校を〝指導〟したがる」、あるいは「深くかかわらないように極端に引いている」スクールカウンセラーも相当数にのぼることも推測できます。

現在のスクールカウンセラー等活用事業においても、スクールカウンセラーは「児童生徒の心理に関して高度に専門的な知識・経験を有する」と位置づけられています（ちなみに平成三〇年改正では、スクールカウンセラー選考の第一として公認心理師が掲げられています）。問題は、ここでいう「高度に専門的な知識・経験」は何を指すのかということになります。この点は、多様な立場から、繰り返しさまざまな議論が行われてきていますが、おおむね「表面的な問題からは気づくことが困難な根本的で個別性の高い側面の理解」に相当する内容であると集約されることが多いようです。

これは、例えば不登校の問題に関しては、不登校そのものは表面的な問題であり、背景にある家族の機能不全という「根本の問題」を解決しない限り、問題は繰り返されるという考え方です。この考え方に従えば、目の前に生じている不登校状態の改善に重きを置く意義はそれほど大きくないことになります。

もしかすると、このような観点（この例では、不登校状態だけをなおしても仕方がないという考え方）に基づく活動が、学校の先生方にとっては「スクールカウンセラーは役に立たない」と見えてしまっていることの背景にあるのかもしれません。

認知行動療法の枠組みの専門性？

一方で、認知行動療法の枠組みにおいては、先に述べたような「根本の問題」の解決に関しては、それを必ずしも支援の中心に置かないという特徴があります。

もちろん認知行動療法においても、当該の問題行動が、具体的にどのように維持されているのかという「ミクロの分析」だけではなく、それが生活環境の中でどのような意味合いをもっているのかという「マクロの分析」を決して軽視しているわけではありません。むしろ、このマクロの分析においては、しばしば家庭環境の問題も扱っていきますし、ケース・フォーミュレーション（見立て）を行う際にも重要な情報になります。

すなわち、目に見えている不適応的な問題行動を改善し、適応的な行動を定着させるためには、（表面的ではない）多くの情報を整理していく必要があることに変わりはありません。

学校の手応えが変わったタイミング

ある日私は、多動と教室飛び出しの問題で困っているという小学校三年生のY子の巡回相談のために、小学校に行くことになりました。約束の時間にうかがうと、校舎の入り口で出迎えていただいた教頭先生（以前、別の児童の問題でかかわったことがありました）の足元に、一人の女児がまとわりついてこちらを見ていました。そのときは授業時間中だったこともあり、直感的にこの女児がY子だなとわかりました。ちょうどそこに別の先生がやってきて、Y子はそれに気がつくと、追いかけっこをするように校舎の奥のほうに逃げていってしまいました。

このとき、私はチャンスだと考えました。（子どもに追いつけるように）来賓用スリッパではなく持参したスニーカーに履き替え、その場で最低限の情報をいただき、そのままY子を追って参与観察に入りました。

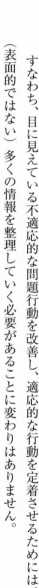

少し追っていくと、私に関心を示したため、追いかけて捕まえようとするふりをしながら、先ほどうかがったY子の教室の方向に〝追い込んで〟いきました（顔を見ながら、私のほうがその方向に後ろ向きに動くのがコツです）。

当該の小学校はオープンスペースでしたので、教室スペースの脇にあった学級図書らしい本棚から一冊の（Y子が好きだという）犬の図鑑を取り上げて、Y子に見えるように大きく指さしました。手でおいでの合図をしたのですがこちらに近寄ってこなかったため、私がそのまま立って図鑑を見ていると、Y子のほうが徐々に近づいてきました。そこで、「これって知ってる?」と聞くと、「知ってるよ」と言って、その犬の説明を始めました。そこで、少しその説明を聞いたあと、「もっとたくさん教えてほしいから、授業が終わるまでここで待ってるよ。あともう少ししたら終わると思うから、自分の席に戻ってね」と伝えると、「うん」と言って、意外なほどあっさりと教室スペースの自席に着きました。

このとき、学校の先生方がどこの場面をどこまで見ていたのかははっきりとわからなかったのですが、「出会ってから二〇分足らずであんなことができるなんてすごいですね」と、先生方はY子が「言葉の指示に従って着席した」ということ自体に非常に驚かれていました。

その後、先生方に尋ねられたため、私は、認知行動療法の枠組みに基づいて、Y子を自席に着席させるために工夫した(小手先の)テクニックに関して説明はしました。しかしながら、Y子に関する事前情報から、問題行動に関しては「注意獲得の機能」にあたりをつけて行動観察を行っていたところでしたので、Y子が授業時間中に着席したことに関しては偶然が積み重なったことが大きかったのが実情です。ところが、これ以降、Y子の対応を含めて、この小学校において相談業務に関する「手応えが変わった(スクールカウンセラーを積極的に活用しようとするようになった)」ように感じました。

小学校において、同じように「手応えが変わった」体験は、いわゆるモンスターペアレント的な「難しい保護者」との面接をして、対立していた学校の意見との落としどころを保護者に受け入れていただいたときにありました(そのコツに関しては第二章第四節を参照)。

中学校においては、それまでは全休だった生徒の相談室登校を安定化させたあとや、相談室登校の生徒を教室で授業を受けさせたあと、あるいは万引きを繰り返し先生方に反発する生徒の話を一時間相談室で落ち着いて聞いたあとや、少年鑑別所帰りの生徒の登校を安定させたあとなどにも、やはり学校の「手応えが変わった」ように感じました。

高校においては、病院の受診を拒んでいた摂食障害の生徒を思春期外来に通院させたあとや、進路指導に起因してほぼ中退しかけていた生徒に大学受験を決意させたあとにも、同じように「手応えが変わった」印象がありました。

今から振り返ってみると、これらに共通していることは、認知行動療法の枠組みに基づく支援においてはそれほど困難ではない事柄である一方で、学校の先生方にとっては相応のエネルギーやコストがかかると感じやすい事柄であったのかもしれません。

したがって、認知行動療法の枠組みに従った場合、高度の専門性を発揮するということは、このような具体的な児童生徒や保護者とのかかわりの中で達成できるのではないかと考えています。そして、先生方が負担に感じるところをうまく肩代わりしたり、より楽にかかわれるコツを伝えたりしながら、スクールカウンセラー自身の特徴を踏まえて、学校内で機能する活動をともに探索していく姿勢をもつことそのものが有用であると思います。

私（大学の臨床心理学の教員）の場合、相談業務を機能させるために、学校現場では「理論的な話」を極力しないことと、児童生徒に関する情報を得る際には「質問すること」をベースとして、先生方とコミュニケーションするように心がけています。

ある小学校で、私は担任の先生とともに、ある児童の保護者との面談に臨みました。その場では担任の先生がリードしながら話が展開されていたのですが、保護者の話を受けて、担任の先生が「お母さん、そこはすかさず〝強化〟ですよ！」と話され、保護者はキョトンとした表情をしていました。しまった…、気をつけていたつもりだったけど、私のほうが、学校の先生方に対して〝専門用語（「強化する」）を振りかざして〟説明していた影響だな……。

6

学校の〝ニーズ〟にどのように応えるのか

学校の先生方の指導目標の個人差

学校の中で勤務する心理専門職や相談職員は、ここであらためて言及するまでもなく、学校の〝ニーズ〟に応じて活動することが求められます。その一方で、実際の学校現場では、どのような状況で、誰に対して、具体的に何をしたらよいのかに迷うことは珍しいことではありません。

心理専門職や相談職員に伝えられる学校や先生方の〝ニーズ〟には、実にさまざまな内容が含まれます。例えば「クラスメートに自ら話しかけられるようにしてほしい」「自分が悪いことをしたら素直に謝れるようにしてほしい」などという〝具体性が高いニーズ〟もありますが、「自分の感情を抑えられるような我慢強い性格になってほしい」「発達障害に負けない強い心を持ってほしい」といったような比較的〝抽象性が高いニーズ〟もあります。なかには、「今のままではダメなので、将来困らないようにしてほしい」と伝えられたこともありました。

認知行動療法の場合には、特に〝抽象性が高いニーズ〟を伝えられた場合には、どのような場面でどのような行動をすることを期待しているのかをエピソードのレベルから引き出し、先生方とそのイメージを少しずつ共有していきます。

もちろん心理専門職や相談職員は、すでに問題を抱えている児童生徒と接することが多いため、その問題の整理をすることから始めることになりますが、当該の問題が起こりやすい場面で、現状の行動と、先生方が望む行動の情報交換をすることは、問題を抱えている児童生徒の状態像を具体的に把握することが可能になるため、非常に有用な方法になります。

なお、これと似たような手続きを用いる他の心理療法やカウンセリングのアプローチもありますが、認知行動療法では、問題をA（先行事象）→B（行動）→C（結果事象）の枠組みから理解を試みるというところに特徴があり、特に当該の行動を維持している「機能」に着目するということは、本書でも繰り返し述べてきたとおりです。

Z男の行動観察

ある日、当時巡回相談を担当していた小学校から支援要請がありました。対象児童は、小学校一年生のZ男で、その問題は「教師の指示に従うことができない」ということでした。そこで私は、訪問日に直接Z男の様子を観察することにしました。

事前の打ち合わせで、Z男の観察は四時間目の算数の授業からということになりました。当日、小学校にうかがうと、ちょうど四時間目の始業のチャイムが鳴ったところでしたが、Z男のクラスは直前の三時間目が体育の授業だったということで、まだクラスの児童たちが教室で着替えている最中でした。教室脇の廊下で児童たちを見ながら、中堅の女性のクラス担任の先生から、Z男がどの児童かを教えてもらいました。そして、担任の先生は教室の前のドアから、私は後ろのドアからほぼ同時に教室に入りました。

子どもたちは、担任の先生が入室したことに気づくと、それまでと比べて急に〝キビキビ〟と動き始めました。着替えが終わった児童は背筋をピンと伸ばし、姿勢を正して着席していました。ところが、Z男（だけではありませんでしたが）は、自分のペースを変えずに、全体の平均的なスピードからはだいぶ遅れて自席に着席をしました。

担任の先生は教壇に立って、黙ってクラスの様子を見ていましたが、Z男を含めて遅れていた数人の子どもが着席したのを確認すると、「今日は、参観される先生がいらっしゃるので、体育着からの着替えは急いでくださいと伝えていましたが、覚えていますか」と全体に話し始めました。児童たちは、〝互いに調子を合わせて〟「はい」と声を揃えて返事をしました。すると担任の先生は「先生は何と言いましたか」と、ある児童の名前を呼びました。するとその女子児童は、「今日の算数の授業は、とてもお忙しい先生が私たちのために参観にきてくださるので、チャイムと同時に授業が始められるように準備してくださいと言われました」と答えました。「そうでしたね。皆さんの着替えの様子を見ていると、チャイムが鳴っていたのに少しダラダラしていましたよ。次からはきちんとできるようにしましょう」と先生が全体に声をかけると、やはり児童全体が〝互いに調子を合わせて〟「はい」と声を揃えて返事をしました。Z男も特にそのような周囲の児童の行動と異なっている様子もなく、それなりに全体に合わせようとしている様子がうかがえました。

その後、担任の先生は「それでは算数の授業を始めます」と全体に向けて声をかけ、授業が始まりました。一〇分ほど経過したところで、先生から全体に向けて、黒板に書いた問題をノートに写すように指示がありました。

Z男もその指示内容に取り組みましたが、途中で、使っていた消しゴムを床に落とし、さらにそれに慌ててバランスを崩して、筆箱ごと床に落としてしまいました。Z男はすぐにそれらを拾おうとしましたが、それを見た担任の先生に声をかけられました。

「Z男さん、今は授業中ですよ」

「はい」とZ男は返事をしましたが、そのまま固まってしまいました。先生は隣の席の女子児童に「○○さんだったらどうしますか」と尋ねると、女子児童は「静かに手をあげて、先生にさされ（指名され）たら『消しゴムと筆箱と落としてしまったので拾ってもいいですか』と聞きます」と答えました。担任の先生は「そうですね。Z男さんも、これからはそうしましょうね」と伝えると、Z男は小さく頷きました。

担任の先生の〝ニーズ〟

行動観察にうかがった日は、算数の授業が終わった後、そのまま「帰りの会」の時間に切り替わりました。

クラスの児童たちは一斉に、教室後方のロッカー棚から、ランドセルや手提げ袋などを自席に運び始めました。Z男もロッカー棚までは行ったのですが、ランドセルや手提げ袋の中を何度ものぞき込み、何かを探している様子でした。そのうち、中から取り出したものが持ちきれなくなり、その場に座り込んでしまいました。Z男の様子を自席からちらちらうかがっていた児童たちが、担任の先生に手をあげ、「またZ男さんの帰り支度が遅いので、手伝ってあげてもいいですか」と許可を求めました。「そうですね」と先生が答えると、（同じ生活班の）三名ほどの児童がZ男のランドセルや手提げ袋をZ男の席に運び始めました。Z男はされるがままに他の児童についていき、自席に着席しました。先生は「今日は、帰り支度が早くて気持ちがいいですね」と全体に向けて話し、連絡帳の指示を始めました。

その後、児童たちを下校させた後、私は予定どおり、別室で担任の先生の話をうかがうことにしました。先生は「ご覧のとおりです。Z男はなかなか指示に従うことができないんです」と、切り出されました。「なるほど…。今日教室で見せていただいた中では、〝消しゴムや筆箱を落としたとき〟や〝帰りの準備のとき〟のことになりますか」と確認すると、「そうなりますね」と先生は答えました。

「他の子は指示に従うことができるのですが、Z男はねぇ…」

「…先生のクラスのまとまりは非常によいようですね」

「ここまでくるのはそれなりに大変だったのですが、Z男を除けば、ここのところはいくらかましになったように思います」

「そうですか…。先生のおっしゃる〝Z男君が指示に従えない〟ということは、いわゆる反抗のようなことではなくて、しかるべき時間中に〝他の児童と同じようにできない〟ということになりますかね」

「そう言われれば、確かにそういうことになりますね」

「そうだとすると、Z男君の能力面はどうなんですか」

「あの程度のことであれば特に問題ないと思っています。むしろ能力などとは関係なく、身につけてほしいことですね。将来困りますからね」

「そうですか…。先生は、Z男君に決められたルールをきちんと守り、他人に迷惑をかけないような子になってほしいと考えていらっしゃるんですね」

「そうですね。…それはZ男以外の子たちも同じなんですが…」

Z男の支援目標設定の着眼点

担任の先生との話し合いをまとめると、Z男の問題は非常に具体的であり、「授業中に不規則行動をしたいときに先生に許可を得ない」「帰り支度が早くできない」ということでした。

もちろん、これらを直接的な支援目標として掲げることは可能です。しかしながら、そのようなZ男の具体的な行動が改善されることによって、私たち心理専門職の支援の目的である「どのような適応の向上がもたらされるのか」を念頭におくことも欠かせない視点になります。すなわち、学校や先生方の〝具体性が高いニーズ〟に応える支援によって、単に「学校や先生方にとって（のみ）扱いやすい子」になってしまうことはないかという点を、いったん立ち止まって吟味することが必要になります。

認知行動療法においては、その支援が具体的な行動や認知の変容になることが多いため、支援は誰のために行うのか、そしてそれが「支援対象者にとって」本当に意義があるのかに関して、社会的妥当性（支援の目標のみならず、用いる手続きや得られる結果も含みます）の観点から慎重に確認していくことになります。

したがって、学校の〝ニーズ〟を必ずしもそのまま字義どおり解決することが重要なのではなく、前節で紹介したような心理専門職の専門性を踏まえて、支援対象の児童生徒やそれを支える学校の先生の双方に有意義な〝支援の目標〟としてとらえ直し、遂行していくことが肝要になってきます。

これは、冒頭に述べたような〝具体性が高いニーズ〟を伝えられた際には特に留意が必要です。「計算ドリルに取り組まない」「給食が早く食べられない」「宿題を提出しない」「一時間別室で過ごさせてほしい」など、〝具体性が高いニーズ〟はたくさんあります（例えば、計算ドリルの例の場合には、課題に取り組まない背景を考慮せず、問題の解き方のみを〝ミニ先生〟として家庭教師のように指導してしまうような〝失敗〟支援にもしばしば出くわします）。

Z男の場合には、担任の先生の〝ニーズ〟を踏まえ、まずは「帰り支度の遅さ」を取り上げ、他の児童に手伝ってもらって「帰り支度が早くできる」という結果のみに注目するのではなく、帰り支度を一連の行動の連鎖ととらえて、どのプロセスに困難があるのかをアセスメントした上で、〝結果的に〟帰り支度が早くなるような支援を考えることにしました。具体的には、「帰り支度が早くできるようになる」ために、まずは周囲の児童に積極的に手伝わせるのではなく、「今日は何を持って帰ればよいのかを、先生や生活班の児童に先に確認する行動を身につける」ことを目標としました。

すなわち、相互随伴性を踏まえて（プロローグ参照）、先生の〝ニーズ〟に応えながらも、Z男にとって意義のある支援目標に置き換えた（心理の視点から〝ニーズ〟の再解釈を図り目標を設定した）ことになります。

＊

Z男の支援を振り返りながら、私自身の幼少期を思い起こしてみると、先生方の指導目標に達していたのか、そしてどのような配慮をされていたのかと、ふと心配になりました…。

7
さまざまな学校行事等を適応支援に活用する

臨床心理学的支援と行事機会の利用

学校不適応の様相を呈している児童生徒にとって、一般に学校行事への参加は心理的なハードルを高く感じることが多いようです。嫌がる行事は、運動会（体育祭）や文化祭、合唱祭などで、概して子どもたちが互いに力を合わせる内容が多く含まれていることが共通しているように感じます。おそらく、学校の先生方や心理専門職をはじめ、保護者も含めて、学校不適応のある児童生徒にかかわったことがある方であれば、このような行事に子どもをどのようにかかわらせたらよいのか迷われた経験があると思います。行事を立ち直りのきっかけにしてほしいと願う反面、行事に参加するプレッシャーでますます調子が悪くなったらどうしようという不安など、さまざまな思いが浮かんでくるものと思います。

このような行事に参加すると決めたのであれば最初から最後まできちんとやりとげてほしいと

期待し、参加することによって、ある意味ガラッと様子が変わってくれれば、などと願うかもしれません。もちろん、それができればそれに越したことはありません。しかしながら、実際の支援の際には、行事に参加するかしないかという「イチゼロ」のみでとらえるのではなく、その子なりの参加の仕方を考える「〇・五や〇・三の参加」の発想を持つことによって、具体的な適応支援の幅は大きく広がってくることが多いと感じています。

例えば、本書で紹介した、中学校の相談室登校の生徒が「体育祭の日に体育着に着替えて空き教室から見学をする」（第一章第六節）などもそれに相当します（応援の際には見学の教室にとどまり、クラス全員リレーだけには出場するH子など、その子どもなりの参加の仕方をそれぞれ考えていきました）。一方で、このようなことを学校の中で実際に行っていくためには、多くの壁が存在するのも事実です。学校の先生方からは、そのような「ワガママ」を許すとかえってつけあがってしまうのではないか、他の子どもの手前「特別扱い」には限界がある、という意見をいただくこともしばしばです。

認知行動療法の発想では、これまでにも述べてきたように「環境との相互作用のあり方」を重視しますので、たとえ子どもの側がよいと思っていても、環境（先生方や他の子どもたち）から受け入れられなければ「良好な相互作用」が生じているとはみなせないことになります。そこで、それぞれの子どもの適応状態のアセスメントはもちろんのこと、環境側のアセスメント（ここでは、体育祭にどのような特別な参加の仕方が許容されるのかを調べること）も適切に行っていくことになります。そして、許容される参加の仕方を「前提」にしながら、子どもたちと話し合い、適応を促す適当な負荷にはなるが、決して過剰な負荷にはならない参加の仕方を決めていくことがより現実的な選択肢になっていきます。

当該の体育祭は土曜日の開催だったのですが、事前の先生方との話し合いでは、私服での登校は不可、校内では制服か体育着ということでした。そこで、私は体育着のほうを「前提」とすることを提案しました。なぜならば、特殊な例を除けば、学校でどのような服装で過ごすかということは、子どもたちの適応状態を左右することはないからです（そこで、私も普段はあまり着ない上下ジャージで支援にあたることにしました）。

また、見学場所に関しては、いつもの相談室か学習教材が保管されている（校庭に面している）空き教室でということでしたので、私は空き教室のみを「前提」とすることを提案しました。その理由として、他の生徒たちは、体育祭の最中は自分の教室に戻ることを禁止されていたからです。そこで、学校の先生方に許可を得て、相談室登校の「精鋭部隊」の生徒たちと、前週の清掃時間に清掃をしながら一時的に教材を別の場所に移動させ、文字通りの「空き教室」にしました。これには、自分たちも体育祭の準備をしているという体験をさせることと、当日別の教材等で時間をつぶすことができないようにすることの二つの意味がありました。

そして、体育祭当日も、校長先生の訓話は起立して聞き、プログラムの準備運動も、見学教室にいる者全員で行いました（これらもやはり子どもたちの適応状態を左右することはないと考えたからです）。

ここまで活動すると、たとえプログラム自体に参加できなかったとしても、生徒たち自身も、ある意味体育祭に参加できたと思える素地ができたとも言えます。このときは、環境側である先生方からも、（単に子どものワガママを受け入れているわけではないことを知っていただいたことを通じて）相応に評価していただきました。

ここで重要なことは、子どもの不適応状態の様相によって、どのような配慮が必要であるかを適切に把握することはもちろんのこと、それに加えて、どのようなことはほとんど配慮する必要がないのかをアセスメントし、学校の先生方が考える許容範囲を踏まえてその情報を共有しておくことが、具体的支援の基盤になるということです。

日常の小さな行事の機会も利用してみる

体育祭のような大きな行事でなくても、学校の日常生活の中では、比較的小さな行事の際にも参加のさせ方で適応向上の工夫をすることができます。

例えば、ある中学校で、私の勤務日に全校の避難訓練の行事が当たっていたことがありました。そこで、事前に関係の先生方と打ち合わせて、相談室登校の生徒に対しては、「今日は避難訓練だからあまり慌てなくてもいいけど、もし本当に大きな地震や火事があって避難指示が出たら、みんなで声をかけあって逃げるんだよ」と相談室版避難訓練を実施することにしました。

「教頭先生に聞いたら、避難指示が出たときに、相談室の生徒は、保健室にいる生徒と一緒に、保健（養護）の先生の指示に従って避難してほしいんだって。だから今日はそのやり方を確かめておこうか……」

後から聞いた話では、この学校では、その後、学校の災害避難マニュアルに、相談室登校の生徒の対応も加えられたそうです。

このようなことは「薬物乱用防止教室」や、ゲストを招く「講演会」など、普段の「○○朝礼」などでも同じような工夫が可能であると思います。もちろんエネルギーが枯渇している子どもに無理をさせることは論外ですが、「無理をさせない」という御旗の下に、アセスメントに基づかず、必要以上に「配慮」をしてしまうことは、（それが環境〔先生方〕からは甘やかしだととらえられることを含めて）かえって子どもを適応状態から遠ざけてしまうことがある点にも留意が必要だと考えています。

宿泊型支援の機会も利用してみる

心理相談機関では、夏期あるいは冬期の学校の休業期間を利用して、学校不適応のある子どもを対象とした宿泊型（キャンプ等）の支援を行っていることも多いと思います。それらは普段の支援とは異なり、じっくりと子どもの様子を観察したり、かかわりをもったりすることのできるよい機会になるようです。そして、そのような行事の効果の心理学的研究の結果をまとめると、総じてキャンプ等そのものについての子どもたちや保護者の評価は高く、行事は確実に「良い体験（自尊感情の向上も含む）」になっているようです。

ところが、このような「良い体験」が学校適応の向上につながっているのかということに視点を転じると、それを示すデータ（エビデンス）はほとんど見受けられません。すなわち、実際には、キャンプ等の行事は子どもたちの「良い体験」止まりになってしまっているということになります。したがって、これらを学校適応の向上につなげていこうと考える際には、「良い体験」を

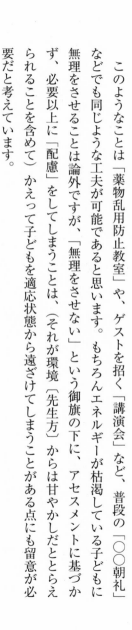

通じた「適応のための具体的な方略獲得の支援」という観点も必要になってくると考えられます。

認知行動療法の枠組みでは、キャンプのような行事の際も、先に述べた「その子なりの参加の仕方」の考え方を用いることができます。

公立の適応指導教室などの場合には、キャンプ等のコンテンツが学校の時間割のように区切られていることが多いようです。グループエンカウンターやアイスブレイクから始まり、宿泊を活かした体験活動を中心としたメニュー、そして「夜の会」で一日が終わる、というものがよく見受けられます。これは、学校行事で行う体験を、その子に合わせて体験させてあげることに重きが置かれているようです。

一方で、私たちが運営したキャンプ行事では、同じように時間割は区切られているのですが（「時の神」スタッフがメインプログラムの全体進行の時間を管理し、最低限当該コンテンツが成り立つように運営するイベントスタッフがいる）、バディシステム（一人の子どもに対して一人のバディスタッフが常に活動をともにする）をうまく活用して、当該のコンテンツにどのようにかかわるかを、それぞれのバディごとに考えさせる体裁をとっています。

例えば、「火の神」スタッフの指示でキャンプファイヤーの周りで「猛獣狩り」ゲームをやろうという場合には、もちろんみんなの輪に入ってゲーム自体に参加することもできますし、みんなの周りで座って見学することもできます。きちんとゲームのルールが守られているか、条件を満たしているかの審判員としての参加も可能です。ただし、キャンプファイヤーに近づかずに宿泊室で過ごすということは原則認めません。

子どもは「絶対的な味方」のバディスタッフとともに、「次ってこんなのやるみたいだけど、どうしようか」などと小さな葛藤を解決しながら、メインプログラムが進行していきます。このとき、子どもがどのような決定をしようと、原則に違わない限りバディも同じ行動をとります。ただし、例えば見学を選択した場合にも、微妙な判定についてイベントスタッフが見学バディに「今のは？」「セーフじゃない？」などと声をかけ、「などと見学バディスタッフがメインプログラムの参加者のほうに声をかけたりする様子を見せたりして、「自分なりの参加の仕方」を体験させるようにします。

そのような体験にだんだん慣れてきたあたりで、バディの「スタッフ同士」がコミュニケーションをとっている様子を子どもたちに見せます（例えば、バディ対抗ゲームの際に、スタッフ同士が少し「本気」になる様子を見せるなど）。そして、少しずつバディの子どもたちを巻き込み、バディ同士の相互作用が出てきたあたりで、スタッフ側がうまく引くようにします。そうすると、子どもたち同士がコミュニケーションをとる環境が自然に整うことになり、安全を感じながら、適応促進の機会が増えるという仕組みです。

＊

私の場合、キャンプ（宿泊）型支援というと、公的な枠組みでは、国立妙高少年自然の家（現・青少年自然の家）の企画（太平洋から日本海に自転車でたどり着こうなどもありました）や、埼玉県教育委員会から依頼のあった一三泊一四日の企画を思い出します。最後まで「参加し続けよう」と始まった企画でしたが、当時の子どもたちが、私たち大人スタッフが順番に「休日」をとっていたことに気づいていなかったならばよいのですが……。

エピローグ

学校で機能する認知行動療法とは

子どもの問題の支援目標の多様性

本書も最終節になりました。

二〇一八年は、特に私たち心理専門職にとって大きな節目の年になりました。それは、非常に長い時間をかけて議論が続けられてきた国家資格である「公認心理師」の制度が具体的に動き始めたことにあります。二〇一八年九月に行われた第一回の国家試験では、計二万七八七六名の方が合格し、その後も着々と合格者は増えています。学校の先生方も多く合格したと聞いておりますので、心理専門職を含めて、学校ではこれから公認心理師の有資格者の活動が本格化するかもしれません。

この公認心理師の考え方の枠組みでは、支援効果のエビデンス（証拠）の尊重が強調されており、認知行動療法は、その主要な役割を担うことが期待されています。第二章第一節でも述べたように、現時点では、保健医療分野、および司法・犯罪分野に関しては、これまでにエビデンスが蓄積されてきた認知行動療法に関する直接的な言及がありますが、教育分野に関しては、そのような言及はありません（認知行動療法のエビデンスがないというわけではありません）。

分野による認知行動療法のこのような位置づけの差異は、もしかすると、当該分野における明確な支援目標設定の有無に起因するのかもしれないと考えています。すなわち、保健医療分野では、疾患を治す、あるいは疾患を予防するということを支援の目標として掲げることはおそらく誰も反対しないと思います。同じように、司法・犯罪分野では、再犯を防止するということは、活動する施設等が異なっていても共通の目標であると言えると思います。一方で、教育分野においては、子どもたちに対する支援の目標は必ずしも一致しているとは言えない状況にあるのも事実です。

例えば、不登校支援の場合には、「元通りに毎日教室に通う」、「登校にこだわらず自尊心（自己肯定感）を高める」、「元の学校以外に居場所を見つける」、「（無理をさせないように積極的な働きかけをせず）本人のエネルギーの回復を目指す」など、目標は実に多岐にわたります。そして、多様な教育機会を担保することを主旨とする「教育機会確保法」（正式名「義務教育の段階における普通教育に相当する教育の機会の確保等に関する法律」）が施行された現在、これらの支援目標に対して、単純に優劣をつけることはますます困難になっています。

しかしながら、学校現場で私がやや疑問に感じているのは、「問題（ここでは不登校）を（意図的に）直接的に改善しない」ことと、「問題を直接的に改善できない（改善するための支援の枠組みや理論、技術がない）」こととが混同して語られる場合が多いということです。私は、子どもの不適応改善の支援に携わる者は、まずは「問題を直接的に改善する」技術を相応に持つことを前提として、当該の子どものアセスメントに従って「問題を直接的に改善する」という目標が妥当かどうかの判断をしていく必要があると考えています。

主流型支援と認知行動療法型支援の考え方の異同

「子どもたちにとって」最良な支援を提供することが重要であるのは、教育相談や心理療法に関するどのような理論的アプローチであっても同じであるように思います。したがって、具体的な支援方法を考える際には、「その支援の目的がどこにあるのか」、そして「その目的そのものが、かかわる支援者たちの間で適切に共有できているのか」のほうが、具体的な支援手続きの選択の問題よりも重要であるかもしれません。支援者は、まずはこの点を適切に踏まえた上で、用いる支援技術やアプローチの特徴を理解しておくことが必要であると思います。

そこで、ここでは学校の主流型の支援（狭義の学校カウンセリングなど）と認知行動療法型の支援を比較・整理しておきたいと思います。もちろん両者の支援の考え方は決して対極にあるわけではありません。あくまでも、認知行動療法型の支援の特徴を理解するための目安としていただければと思います。

まず、学校の中で望ましい支援方法を考える際に、主流型支援では、教育的理念が先に立ちますので、「どのような対応をするべきか」という観点が優先されることになります。これは、子どもの状態像に応じて、対応方法がある意味「型」で決まることになり（「○○の問題は△△と対応する」など）、認知行動療法の三項随伴性（ABC理論）の枠組みに当てはめると「B（何をさせるか）」を重視することになります。

一方で、認知行動療法型支援では、支援が「機能」するか（目標に照らし合わせてそれが達成する方向に展開するか）という観点が優先されます。これはＡＢＣ理論の枠組みに当てはめると「Ｃ（それをさせたときに望む結果が得られたか）」を重視することになります。言い換えれば、これまでにも述べてきたように、主流型が「どのような指導をしたのか」に着目するのに対して、認知行動療法型は「その指導が通ったのか」に着目するところに特徴があります。

したがって、主流型の支援の枠組みでは、どうしても教育的理念という「同じベクトル」上で「子どもに寄り添うのか、あるいは引っぱるのか」という、用いる手続きの違いの議論を引き起こしがちになります。この点、認知行動療法型の支援の枠組みでは、学校環境（随伴性）における適応促進という大前提がありますので、その環境において良好な相互作用が生じるのはどのような支援であるのかと（ある意味「型」支援と逆の方向性で）考えることになります。これによって、第二章第七節でも述べたように、その方法を用いるか否かという「イチゼロ」だけではなく、支援のあり方の幅を広く柔軟に考えることができます。

支援におけるアセスメントの位置づけ

主流型支援と認知行動療法型支援とでは、アセスメントの力点の置き方も少し異なっています。主流型のアセスメントは、発達や知的側面の水準、パーソナリティなど、子どもの内面の理解を丁寧に行っていきます。認知行動療法型もそれらの内面の理解は大切にしていますが、加えて、それがどのような環境下でどのような反応として現れているのかという「環境との相互作用」もアセスメントの対象としています。これによって、先に述べた「機能する」支援方法（「通る」指導方法）を具体化しやすくなります。

また、アセスメントを行う際に、主流型の支援では、子どもが「何と言ったか」という言語報告の内容を重視しがちですが、認知行動療法型の支援では、それに加えて「その状況でそのように言うことの機能は何か」という（言語）報告行動の機能も重視します。それは、子どもが「来週からやるようにするよ」と言った場合には、心の底からそう思っている場合も大いにある一方で、少なくとも今週はこれ以上言われなくてすむという（非意図的であったとしても）「ご褒美」を得ている場合もあるからです。

以上のことを踏まえると、双方の支援の着眼点には、子どもの支援に際して、学校の先生方に求められることにも若干の相違があります。主流型の支援では、具体的な方法は「型」によって選択されるため（例えば、まずは受容するなど）、実際に支援にあたる先生方は、その「支援方法の理念を理解」して、取り入れることが求められます（このことは学校現場では「教師も成長する必要がある」としばしば表現されます）。もちろん、そのような理解や試みによって、子どもとの良好な相互作用が生じれば、それは結果的に機能していることになりますので、それに越したことはありません。そして、先生方の技量がそれまで以上に向上することも大いに期待できます。

その一方で、先生方が十分な理解をしていない（教師が成長しない）と支援が進まないと仮定すること（ある意味、先生方をも「指導対象」とするということ）は、実際の支援方法の選択肢の幅をずいぶんと狭めてしまうことになると感じています。実際に学校の中では、結果的にその先生の「持ち味」を損ねてしまっているなと感じることがしばしばあります（例えば、普段の言語的な「指導が機能していた」先生が、言葉を発せずに受容に徹するなど)。

この点に関して、認知行動療法型の支援では、先生方が普段用いている指導方法の中で、当該の子どもに対して「機能している方法」はどれか、「あまり機能していない方法」はどれかを十分に踏まえて、当事者である先生方の視点を含めた「相互随伴性」の観点から(プロローグ参照)、先生方が受け入れやすい支援方法を選択することが重要であると考えています。これによって、当該の支援方法も「長続きする」ことが期待できます。

したがって、主流型の支援の考え方に、認知行動療法型の支援の考え方を加味していただくことができれば、たとえ現在の教育相談やカウンセリングの物理的体制(相談員の増員等)が改善されなくても、その効果性をさらに高められることが期待できます。そこで、学校の中の実践に際しては、主流型支援で今一つ支援効果が確認できないケースから、認知行動療法型支援を試みていただくことが現実的なのかもしれません。

支援を取り巻く「見取り図」を描いてみる

スクールカウンセラー事業が開始された当初、かなり多くのスクールカウンセラーが「学校(の中)は、そもそも相談の体制や考え方が整っていない」と感じたようです。見方を変えると、これまで「学校の外」で行われていた心理相談や教育相談のやり方を、そのまま「学校の中」で展開するのは困難であったということがわかります(実際に私自身もそうでした)。そこで、当時は、「まずは学校の見取り図を描く」ということが推奨されていました。これは、「学校の中」で活動するには、学校という組織そのものを理解する必要があるという考え方の表れであったと思います。

ニュアンスこそ当時とは異なるところがありますが、認知行動療法型の支援の枠組みでも、支援を取り巻く「学校の見取り図を描く」ことが有用であると考えています。

ここでは、教室の友人との不和に伴い、相談室に断続登校をしていた中学校二年生のα子の例をあげます。α子は一年ほど前から今の状態に陥ってしまっているとのことでした。

一七一ページの図11は、α子を中心として周辺の方々の様相を整理したものになります。矢印はその方向へのアクセスがあるかどうかを示しており、双方向矢印はお互いに良好なアクセスがあることを示します。したがって、例えば、母親からα子へはアクセスがあるものの、逆はあまりないことになります。太い線は、関係がより密で、矢印の間にギザギザのマークがある場合は、対立的な関係であることを示しています。

この「見取り図」を俯瞰的に見てみると、誰がα子に機能的に働きかけることができるのかが整理できます（α子は身体疾患があったため分掌上は養護教諭の先生がかかわることになっていましたが、実際にアクセスはないようでした）。そして、その「見取り図」を大きく家庭、教室、職員室と分けて、介入するポイントを絞っていくことになります。

この際に、個々の先生方の「やり方（指導方法）」の改善は積極的には行わない（その改善を支援の前提としない）と考えます。そして「結果的に」α子に矢印が届く方々を中心に据えながら、支援チームとして、支援者「全員が受容する」などではなく、「機能的役割分担」（第二章第一節参照）を実行していくことになります（養護教諭の先生には、相談員の先生からの支援状況の報告

図11　α子を中心とした「見取り図」の例

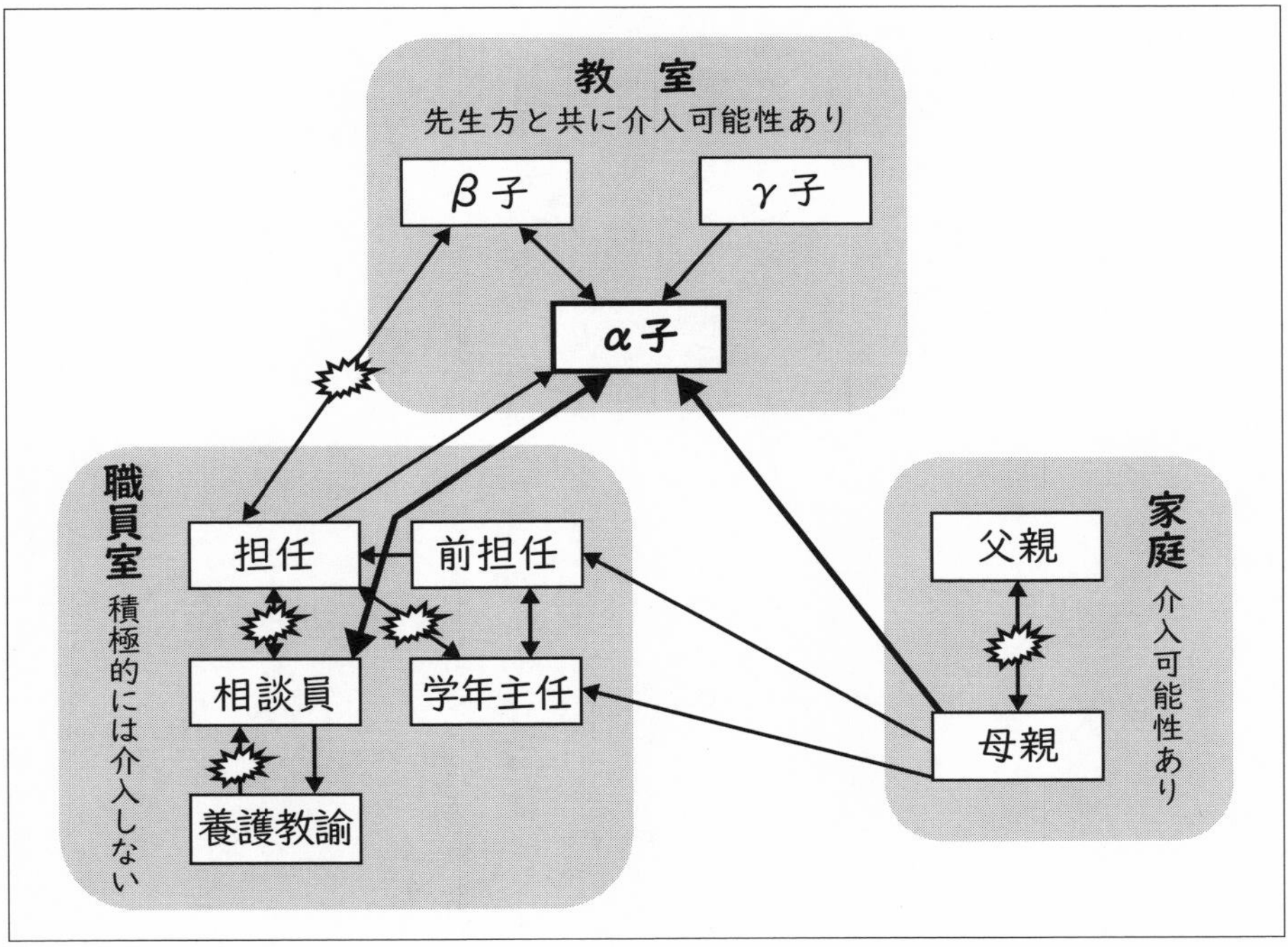

をまとめるというかたちで参加していただきました）。

この「見取り図」の方法は、一見すると少し複雑に見えるかもしれませんが、その原理は先に述べた「相互随伴性」の拡張にすぎません。そして、学校という組織の中で、現状を活かして子どもへの有効な（チーム）支援を試みようとする際には有用な観点になると考えています。

＊

以上のように、学校における認知行動療法では、子どもを取り巻く環境側のマクロな視点、そして子ども側の（三項随伴性等の）ミクロな視点の双方を適切に把握する必要があります。

しかしながら、これらをすべて行わなければならないというわけでは決してありません。必要に応じて、可能なところから、そのエッセンスを実践に取り入れることができるのも認知行動療法の大きな特徴です。

今後の皆さんの相談活動等のご参考にしていただければ幸甚です。

本書をお読みいただき、ありがとうございました。

あとがき

本書は、『月刊学校教育相談』（ほんの森出版）に、二〇一七年四月号から二〇一九年三月号までの二年間にわたって連載された、「実践入門！　学校における認知行動療法」の内容を再編集したものです。

ほんの森出版の小林敏史さんから最初に連載の話をいただいたときには、私は本当に躊躇しました。その理由は、本書のようなやわらかいトーンの文章に慣れていないことと（ある意味、学術論文よりも時間がかかりました）、何よりも毎月原稿の締め切り日がくることにありました。そこで、当時同誌に連載をされていた菅野純先生（現早稲田大学名誉教授。以前、大学の研究室が隣でした）にご意見をうかがいました。すると、「嶋田先生なら大丈夫。僕は迷惑をかけているけどね」といつもの柔和な「型」の言葉をかけていただきました。しかし、私にはこの言葉は「引き受けたらしっかりね」とハードルが上がる「機能」を持っていました……。

さらに、私の研究室の卒業生で、現在は主に教育分野で働く中堅・若手のカウンセラーたちに、どんな内容の原稿なら読みたいかと聞いてみました。多くに共通していたのは、「認知行動療法の理論や着眼点はある程度わかっているつもりだけど、嶋田先生が学校の中でどのように動いているのか、子どもたちにどのように声をかけているのかを具体的に知りたい」ということでした。

そこで、私はこの連載について自分で「認知再構成法」を用い、認知行動療法の臨床指導や研修会等では扱っていても、学術論文やケース報告にはあまり書かない内容をまとめる好機ととらえ、引き受けることにしました。同誌は、主に学校の先生方が想定読者とのことでしたので、先生方の読み物としてはもちろんのこと、よく読むと学校現場の心理専門職の実践上の工夫やヒントにもなるように内容を構成することを心がけました（このバランスが悪く、ボツになった原稿もありました……）。

連載は二四回ありましたが、そのうち三回分は本書掲載に至りませんでした。それには、ソーシャルスキルトレーニング（ＳＳＴ）、ストレスマネジメント教育（ＳＭＥ）が含まれます。内容は別の機会に譲りますが、ＳＳＴもＳＭＥもいくつかの実践方法があり、認知行動療法型はやはり「機能」を重視することに特徴があります。この理解の枠組みが、本書の内容とともに子どもたちやその支援者に少しでも役立つことを祈念しております。

また、奇しくも本書編集中に新型コロナウイルス感染が拡大し、三密回避等の行動変容やＳＭＥに注目が集まりました。長期戦も見込まれますが、本書の読者の皆さんが機能的コーピング等を駆使して、コロナ禍を乗りきっていただくことを期待しております。

最後に、本書の刊行にあたっては、東京福祉大学准教授の石垣久美子先生に資料整理等のご助力をいただきました。また、ほんの森出版の髙村瞳子さん、小林敏史さんに編集のご尽力をいただきました。ここに記してあらためて心よりお礼申し上げます。

二〇二一（令和三）年一月　緊急事態宣言下にて

早稲田大学教授　嶋田　洋徳

〈著者紹介〉
嶋田　洋徳（しまだ ひろのり）
早稲田大学人間科学学術院教授

東京都生まれ。早稲田大学大学院人間科学研究科博士後期課程修了。博士（人間科学）。広島大学総合科学部、新潟大学人文学部等を経て、2008年より現職。公認心理師、臨床心理士、認知行動療法師、認知行動療法スーパーバイザー、指導健康心理士。(一社）日本認知・行動療法学会理事長、日本ストレスマネジメント学会理事長。
著書・訳書に『集団認知行動療法の理論と実践』（監訳、金子書房）、『自立活動の視点に基づく 高校通級指導プログラム　認知行動療法を活用した特別支援教育』（共著、金子書房）、『中学・高校で使える　人間関係スキルアップ・ワークシート　ストレスマネジメント教育で不登校生徒も変わった！』（共著、学事出版）、『認知行動療法事典』（編集委員長、丸善出版）などがある。

実践入門！ 学校で活かす認知行動療法

2021年10月15日　初　版　発行

著　者　嶋田洋徳
発行人　小林敏史
発行所　ほんの森出版株式会社
〒145-0062　東京都大田区北千束3-16-11
TEL 03-5754-3346　FAX 03-5918-8146
https：//www.honnomori.co.jp

印刷・製本所　研友社印刷株式会社

　ISBN978-4-86614-123-7　C3011